SOURIRE 1

Französisch Übungsbuch — Teil 1

Mag. Claudia Lichtenwagner

G&G

Dieses Werk ist für den Schul- und Unterrichtsgebrauch bestimmt.

Es darf gemäß § 42 (3) des Urheberrechtsgesetzes auch für den eigenen Unterrichtsgebrauch nicht vervielfältigt werden.

SOURIRE –
jetzt auch mit über
6.200 interaktiven
Übungen online auf
https://eduactive.at/sourire

www.ggverlag.at

ISBN 978-3-7074-1310-6

In der aktuell gültigen Rechtschreibung

21. Auflage 2024

Printed by Brüder Glöckler, Wöllersdorf

© 2010 G&G Verlagsgesellschaft mbH, Wien
Alle Rechte vorbehalten. Jede Art der Vervielfältigung, auch die des auszugsweisen Nachdrucks, der fotomechanischen Wiedergabe sowie der Einspeicherung und Verarbeitung in elektronische Systeme, gesetzlich verboten. Aus Umweltschutzgründen wurde dieses Buch auf chlorfrei gebleichtem Papier gedruckt.

VORWORT

Liebe Schülerin! Lieber Schüler!

SOURIRE I gibt dir einen übersichtlichen Einblick in die wichtigsten grammatischen Strukturen des ersten Lernjahres. Viele Übungsbeispiele sollen dir helfen, Sicherheit bei deren Anwendung zu gewinnen.
Am Ende des Buches findest du eine Liste der häufigsten französischen Namen und einen Vokabelteil.
Im Lösungsteil (clé) erfährst du nicht nur die richtige Lösung zu den Übungen, sondern bekommst meist auch Hinweise, wo du die angewandte Regel im Buch finden kannst.

Ich wünsche dir viel Freude und Erfolg bei deinen ersten Schritten in der französischen Sprache!

Prof. Mag. Claudia Lichtenwagner

TABLE DES MATIÈRES

	page
L'article défini (*Der bestimmte Artikel*)	1
h aspiré	3
L'article indéfini (*Der unbestimmte Artikel*)	4
Les verbes en -er, être, avoir, faire	5
Les pronoms personnels sujets (*Die Personalpronomen im 1.Fall*)	6
Les déterminants possessifs (*Die Possessivbegleiter*)	9
La famille	18
Le verbe pronominal s'appeler (*Das reflexive Verb s'appeler*)	19
Les prépositions	20
L'interrogation totale (*Entscheidungsfrage*)	26
L'interrogation partielle (*Teilfrage mit Fragewort*)	28
Les verbes dire, écrire, mettre, boire, vendre, prendre	42
Les verbes aller, manger, lever, préférer, lire, venir	43
Les verbes pouvoir, vouloir, savoir, voir, devoir, appeler	44
L'impératif (*Befehlsform*)	48
L'adjectif (*Adjektiv*)	51
La négation (*Die Verneinung*)	58
Satzkonstruktionen nach aimer, aimer mieux, préférer, adorer	62
de, d', un, une, des, le, la, les	64
La négation sans verbe	65
oui, si, non	67
Les articles contractés à la, à l', au, aux, de la, de l', du, des	68
Les compléments après jouer et faire	71
Le pronom objet direct (*Das direkte Objektspronomen*)	73
Les verbes offrir, payer, attendre, entendre	76
Les verbes savoir ou pouvoir	78
Les verbes voir ou regarder	79
Les verbes entendre ou écouter	80
Les quantifiants (*Die Mengenangaben*)	81
de, d', un, une, des, le, la, les	83
Le complément d'objet indirect (*Das indirekte Objekt*)	84
Le passé composé (*Die Vergangenheit*)	86
La maison	90
Faire des achats	91
Noms français	92
Vocabulaire	93
Clé (*Schlüssel zu den Übungen*)	97

L'ARTICLE DÉFINI
Der bestimmte Artikel

masculin (m) *männlich*	féminin (f) *weiblich*	voyelle (singulier) *Vokal (Singular)* stummes h	pluriel m+f *(Plural)*
le	la	l'	les

Exemples:

le train	la gare	l'appartement (m)	les amis (m)
le père	la sœur	l'orange (f)	les amies (f)
le frère	la mère	l'adresse (f)	les toilettes (f)
le bureau	la chaise	l'armoire (f)	les maisons (f)
le lit	la tête	l'hôtel (m)	les trains (m)
le restaurant	la radio	l'heure (f)	les chaises (f)

Achtung: Eigennamen werden ohne Artikel verwendet, außer sie werden näher bestimmt (durch Adjektive, Titel).

Exemples:

Jacques	le petit Jacques
Charles	le grand Charles
Paris	le Paris moderne
Monsieur Legrand	le docteur Legrand, le professeur Legrand
Madame Cartier	la vieille Madame Cartier *(die alte Frau C.)*
Sartre	le grand Sartre
Sainte Catherine	----- *(Hl. Katharina)*
Saint Michel	----- *(Hl. Michael)*
-----	la sainte Famille *(die Heilige Familie)*

Bei jedem Wort muss der Artikel mitgelernt werden!

METS LES ARTICLES

1. ...... train
2. ...... bar-tabac
3. ...... taxi
4. ...... correspondant
5. ...... appartement
6. ...... lit
7. ...... toilettes
8. ...... amie
9. ...... maison
10. ...... sœur
11. ...... gare
12. ...... armoire
13. ...... frère
14. ...... chaise
15. ...... chatte
16. ...... radio
17. ...... chambres
18. ...... bureau
19. ...... correspondante
20. ...... blond
21. ...... station
22. ...... mère
23. ...... père
24. ...... ami
25. ...... musée
26. ...... café
27. ...... garage
28. ...... télévision
29. ...... presse
30. ...... restaurant
31. ...... tête
32. ...... Véronique
33. ...... Monsieur Ledoux
34. ...... famille
35. ...... blonde
36. ...... adresse
37. ...... chambre
38. ...... cuisine
39. ...... salle de séjour
40. ...... table de nuit
41. ...... petit Philippe
42. ...... chien
43. ...... table
44. ...... Paris
45. ...... rue
46. ...... cassette
47. ...... homme
48. ...... géographie
49. ...... plan
50. ...... Berlin
51. ...... Paris moderne
52. ...... place
53. ...... boulevard
54. ...... interviews
55. ...... tables
56. ...... appartements
57. ...... Madame Manset
58. ...... carte
59. ...... chaises
60. ...... salle de bains
61. ...... grand-père
62. ...... grand-mère
63. ...... meubles
64. ...... chanson
65. ...... ville
66. ...... piscine
67. ...... stade
68. ...... écrivain
69. ...... sainte Famille
70. ...... heure
71. ...... hôtel
72. ...... orange
73. ...... maisons
74. ...... vieille Madame Lorand
75. ...... grand Camus
76. ...... Saint Joseph
77. ...... docteur Ledoux
78. ...... exercice
79. ...... film
80. ...... problème
81. ...... professeur Manset
82. ...... Jacques

h ASPIRÉ

Wir unterscheiden zwei Arten von **h**:

1. Vor **stummem h (h muet)** werden die Artikel **le/la** zu **l'** *(voir page 1)*. Beim Sprechen verbindet man das vorherige Wort mit dem Wort, das mit stummem h beginnt. (Diese Wörter sind vorwiegend lateinischer Herkunft.)

2. Vor dem **h aspiré** steht der volle Artikel **le/la**. Beim Sprechen verbindet man das vorherige Wort mit dem Wort, das mit **h aspiré** beginnt, **nicht**. (Diese Wörter sind vorwiegend germanischer Herkunft und werden in den Lexika mit *oder ' gekennzeichnet.)

Liste der häufigsten Wörter mit **h aspiré**:

la hache	Axt, Beil
le hachis	Faschiertes
la haine	Hass
le hall	Halle
la halle	Markthalle
la halte	Halt, Rast
le hamburger	Hamburger
le hamster	Hamster
le handicap	Handikap
le haricot (vert)	Bohne (Fisole)
la harpe	Harfe
le hasard	Zufall
la hâte	Hast, Eile
le hautbois	Oboe
le héros	Held
le hobby	Hobby
le hockey	Hockey
la honte	Schande
le hors-d'œuvre	Vorspeise

L'ARTICLE INDÉFINI
Der unbestimmte Artikel

masculin (m) *männlich*	féminin (f) *weiblich*	pluriel m+f *(Plural)*
un	une	des

Achtung:
Im Französischen hat auch der unbestimmte Artikel eine Mehrzahl.
Im Deutschen hingegen steht hier **kein** Artikel.

Exemples:

le garçon	un garçon	*ein Bub*
l'ami	un ami	*ein Freund*
l'homme	un homme	*ein Mann*
la fille	une fille	*ein Mädchen*
la voiture	une voiture	*ein Auto*
l'amie	une amie	*eine Freundin*
les livres	des livres	— *Bücher*
les frères	des frères	— *Brüder*
les voitures	des voitures	— *Autos*

Mets les articles indéfinis:

1. ...... appartement
2. ...... heure
3. ...... enfants
4. ...... cuisine
5. ...... hôtel
6. ...... chanson
7. ...... films
8. ...... table
9. ...... orange
10. ...... chambres
11. ...... croissants
12. ...... chaise
13. ...... ville
14. ...... bureau
15. ...... restaurants
16. ...... maisons
17. ...... oranges
18. ...... piscine
19. ...... famille
20. ...... radio
21. ...... rues
22. ...... familles
23. ...... interview
24. ...... exercices
25. ...... pairs au chocolat
26. ...... meubles
27. ...... train
28. ...... adresse

LES VERBES - *er*

L'infinitif *(der Infinitiv)*: parler   L'infinitif *(der Infinitiv)* : écouter

je parle	*ich*	j' écoute
tu parles	*du*	tu écoutes
il parle	*er*	il écoute
elle parle	*sie*	elle écoute
on parle	*man*	on écoute
nous parlons	*wir*	nous écoutons
vous parlez	*ihr, Sie*	vous écoutez
ils parlent	*sie (m)*	ils écoutent
elles parlent	*sie (f)*	elles écoutent

De même *(ebenso)*: chercher, regarder, travailler, laver, chanter, passer, pleurer, aimer ...

Attention: Vor **Vokalen** und **stummem** h wird bei je das e ausgelassen und **apostrophiert!**
j'ai, j'entre, j'habite, j'arrive

LES VERBES ÊTRE / AVOIR / FAIRE

être *(sein)*	avoir *(haben)*	faire *(machen)*
je suis	j' ai	je fais
tu es	tu as	tu fais
il est	il a	il fait
elle est	elle a	elle fait
on est	on a	on fait
nous sommes	nous avons	nous faisons
vous êtes	vous avez	vous faites
ils sont	ils ont	ils font
elles sont	elles ont	elles font

LES PRONOMS PERSONNELS SUJETS
Die Personalpronomen im ersten Fall

Singulier (Singular)		Pluriel (Plural)	
je/j'	*ich*	**nous**	*wir*
tu	*du*	**vous**	*ihr, Sie*
il	*er*	**ils**	*sie (m.)*
elle	*sie*	**elles**	*sie (f.)*
on	*man*		

*Anmerkung: **j'** steht vor **Vokal** und **stummem h** (voir page 5)*

1. .... es le frère de Nathalie?
2. .... suis de Paris.
3. .... fait les devoirs? - Oui, ... faisons les devoirs.
4. .... habitez à Lille? - Non, ... habite à Lyon.
5. Les filles arrivent à la gare. .... arrivent avec Pierre.
6. Pardon, ... êtes Madame Legrand? - Non, ... suis Madame Daudet.
7. Voilà le frère de Nicole. .... est charmant.
8. .... sommes la famille Falot.
9. .... regardez les photos de Valérie?
10. .... ont faim, les garçons.
11. .... sommes dans la salle de séjour.
12. .... parles trop vite.
13. Pierre, ... es où? - .... suis dans ma chambre.
14. .... est l'ami de Nadine.
15. .... ai faim et toi, ... as soif.
16. .... fait un gâteau avec maman.
17. .... arrive à la gare.
18. Les garçons sont dans la cuisine. .... font le goûter.
19. Les filles écoutent la radio. .... sont dans la salle de séjour.
20. Pilou, ... es où? - .... suis dans la chambre de François.
21. Pardon, ... êtes le père de Jérôme? - Oui, ... suis son père.
22. Voilà Catherine. .... est ma correspondante.
23. .... faisons une photo? - Oui, ... fait une photo.
24. C'est mon chat. .... s'appelle Xavier.
25. Voilà Denis. .... habite à Rouen.
26. .... es Louis, le frère de Nadine? - Oui, ... suis Louis.
27. .... écoutez la radio? - Non, ... écoute un CD.
28. .... avez un frère? - Oui, ... ai un frère. .... s'appelle Marc.

METS LES VERBES À LEUR FORME CORRECTE

1. Je .... (être) Nicole.
2. Qu'est-ce que vous .... (chercher), Madame?
3. Pierre .... (écouter) la radio et Marc .... (regarder) la télé.
4. J' .... (avoir) un frère et une sœur.
5. Elle .... (travailler) dans un bureau.
6. Vous .... (parler) trop vite, Mademoiselle.
7. Nous .... (avoir) faim, maman.
8. Qu'est-ce que tu .... (écouter)? - J' .... (écouter) Brel.
9. .... (regarder) Marie! La photo de Yannick!
10. Tu .... (être) le frère de David?
11. Papa .... (entrer) dans la maison.
12. Tu .... (avoir) un problème avec Pierre?
13. Elles .... (écouter) la grand-mère.
14. Qu'est-ce que tu .... (faire) ? - Je .... (faire) un exercice.
15. Je .... (être) super en allemand.
16. Elle .... (être) la grand-mère de Philippe?
17. .... (travailler) vite, Pierre et Paul!
18. Ils .... (avoir) une maison avec un grand jardin.
19. Qu'est-ce que tu .... (chercher), Sophie?
20. C' .... (être) bien, Vienne?
21. J' .... (arriver) à la gare.
22. Vous .... (travailler) où, Monsieur?
23. Je .... (chercher) mon livre.
24. Vous .... (habiter) place Pigalle.
25. Nous .... (être) les parents de Nadine.
26. Vous .... (faire) les devoirs, Jacques et Marc?
27. Vous .... (avoir) soif, les enfants?
28. Fabienne et Françoise .... (être) les sœurs de Jérôme.
29. À la télé il y .... (avoir) un film avec Brigitte Bardot.
30. Ils .... (chercher) un appartement.
31. Qu'est-ce qu'il .... (faire)? - Il .... (faire) son devoir.
32. Papa, on .... (avoir) faim.
33. David .... (faire) son lit.
34. Vous .... (être) dans le bureau.
35. J' .... (habiter) rue Morand.
36. .... (écouter), Madame!
37. .... (chercher) ton devoir, Marie!
38. Valérie et Barbara .... (avoir) des correspondantes en Allemagne.
39. Il .... (être) à la gare avec Pilou.
40. C' .... (être) le grand-père de Nicole.

METS LES VERBES QUI CONVIENNENT

1. Les Morand .... à la gare.
2. Pilou .... sa tortue.
3. Vous .... vos CD, Barbara et Nicole?
4. Nous .... en ville avec notre mère.
5. Il .... Place Pigalle.
6. Elle .... à Paris, rue des Folies Bergères.
7. C' .... bien ton adresse?
8. Tu .... où?
9. Pierre .... bien l'allemand.
10. Nadine et Sylvie .... super.
11. Ils .... toujours de bonnes idées.
12. Qu'est-ce que c' .... ?
13. Vous .... Madame Bertrand?
14. Je m' .... Lucienne.
15. J' .... près de la gare.
16. Qu'est-ce que vous .... ?
17. Est-ce que tu .... français?
18. J' .... un frère et une sœur.
19. Elle .... bien ses parents.
20. Nous .... un film avec Sharon Stone.
21. Vous .... la radio?
22. Monsieur Brun .... à la maison.
23. Il .... faire la cuisine.
24. Maman .... dans la chambre de Paul.
25. Vous .... trop vite, Monsieur.
26. Les classes .... une fête.
27. Vous .... une sœur, Madame?
28. Ils .... bien.
29. J' .... un petit chien.
30. Vous .... vos exercices d'anglais?
31. Papa ....
32. Nous .... un CD.
33. Pilou .... son chat.
34. Je .... mon cahier de français.
35. Ton livre .... sur le bureau de David.
36. On .... notre exercice de géographie.
37. Mon hobby, c' .... le tennis.
38. Ils .... faux, Jérôme et Fernand.
39. Dominique .... le clown.
40. On .... Monsieur Duhamel.

LES DÉTERMINANTS POSSESSIFS
(Possessivbegleiter)

le père (m)	la mère (f)	l'ami(e) (m+f) + Vokal	les livres Plural
mon père	ma mère	mon ami(e)	mes livres
ton père	ta mère	ton ami(e)	tes livres
son père	sa mère	son ami(e)	ses livres
notre père	notre mère	notre ami(e)	nos livres
votre père	votre mère	votre ami(e)	vos livres
leur père	leur mère	leur ami(e)	leurs livres

Singular
mein, meine
dein, deine
sein, seine
ihr, ihre
unser, unsre
euer; eure, Ihr, Ihre
ihr; ihre

Plural
meine
deine
seine
ihre
unsre
eure, Ihre
ihre

Achtung:

1. Im Französischen richtet sich der Possessivbegleiter nach dem **Geschlecht des Besitzes / des Objektes**.
   (Im Deutschen / Englischen richtet er sich hingegen nach dem Geschlecht des Besitzers / der Person.)

2. Vor einem Vokal steht **auch bei weiblichen Hauptwörtern die männliche Form** : *mon, ton, son*.

3. **votre** kann entweder *euer, eure*, oder die Höflichkeitsform *Ihr, Ihre* bedeuten. Es steht vor einem Nomen im **Singular**.

4. **vos** kann entweder *eure*, oder die Höflichkeitsform *Ihre* bedeuten. Es steht vor einem Nomen im **Plural**.

LES DÉTERMINANTS POSSESSIFS

je	**mon** (+ nom masculin), **ma** (+ nom féminin)	au singulier
	mon (+ voyelle, m + f)	
	mes (+ noms masculins ou féminins)	au pluriel
tu	**ton** (+ nom masculin), **ta** (+ nom féminin)	au singulier
	ton (+ voyelle, m + f)	
	tes (+ noms masculins ou féminins)	au pluriel
il/elle/on	**son** (+ nom masculin), **sa** (+ nom féminin)	au singulier
	son (+ voyelle, m + f)	
	ses (+ noms masculins ou féminins)	au pluriel
nous/on	**notre** (+ nom masculin ou féminin)	au singulier
	nos (+ noms masculins ou féminins)	au pluriel
vous	**votre** (+ nom masculin ou féminin)	au singulier
	vos (+ noms masculins ou féminins)	au pluriel
ils/elles	**leur** (+ nom masculin ou féminin)	au singulier
	leurs (+ noms masculins ou féminins)	au pluriel

Exemples:

Nom au singulier:		**Nom** au pluriel:
(Das Hauptwort steht im Singular:)		*(Das Hauptwort steht im Plural:)*

Je cherche **ma** voiture.	(f)	**J'**écoute **mes** cassettes.
Je mange **mon** hamburger.	(m)	
Je fais **mon** exercice.	(voyelle, m)	
Je regarde dans **mon** armoire.	(voyelle, f)	
Tu as **ta** clé?	(f)	**Tu** fais **tes** devoirs.
Tu es dans **ton** bureau.	(m)	
Tu cherches **ton** ami.	(voyelle, m)	
Tu regardes **ton** amie.	(voyelle, f)	
Il / Elle regarde **sa** chatte.	(f)	**Il / Elle** écoute **ses** disques.
Il / Elle joue avec **son** chien.	(m)	
Il / Elle aime **son** appartement.	(voyelle, m)	
Il / Elle cherche **son** adresse.	(voyelle, f)	
Nous cherchons **notre** mère.	(f)	**Nous** faisons **nos** devoirs.
On cherche **notre** mère.	(f)	**On** mange **nos** croissants.
Nous gagnons **notre** match.	(m)	
On joue avec **notre** frère.	(m)	
Vous cherchez **votre** voiture?	(f)	**Vous** regardez **vos** photos.
Vous faites **votre** exercice.	(m)	
Elles écoutent **leur** CD.	(f)	**Elles** font **leurs** devoirs.
Ils mangent **leur** gâteau.	(m)	**Ils** écoutent **leurs** disques.
Ils regardent **leur** film.	(m)	

MON TON SON MA TA SA VOTRE

Ein Besitzer und ein Besitz

1. C'est ………… chambre, Nadine? - Oui, c'est ………… chambre.
2. Michou, c'est ………… chat.
3. Voilà ………… livre de français.
4. C'est Marlène, l'amie de Pilou. C'est ………… amie.
5. Tu es où? - Je suis dans ………… chambre!
6. Sylvie est à Paris avec ………… mère.
7. Fabienne écoute ………… père.
8. C'est ………… voiture, Monsieur Ledoux?
9. Il fait ………… devoir d'anglais.
10. Fernand, est-ce que tu as ………… livre de géographie?
11. Je cherche ………… cahier de français.
12. Elle habite dans l'appartement d'Alain. C'est ………… appartement.
13. C'est ………… chien sur la photo? - Non, c'est le chien de Marie-Claire. C'est ………… chien.
14. Voilà la maison de Monsieur Garotte. ………… maison est grande.
15. La tortue est sous ………… bureau.
16. Pierre habite chez ………… ami Fernand.
17. Bernadette est à la gare avec ………… père.
18. Voilà ………… livre, Madame.
19. Valérie joue avec ………… frère Philippe.
20. Louis écoute ………… mère.
21. Mireille aime ………… grand-père.
22. Regarde! ………… amie arrive, Paul!
23. Où est ………… livre? - ………… livre? Là-bas, sur la table.
24. C'est ………… maison, Monsieur?
25. Alors ………… frère, qui est-ce, Nadine? - ………… frère? Le blond, là-bas.
26. Je cherche ………… cahier de géographie.
27. Voilà ………… clé, Madame Legrand.
28. David joue avec ………… chatte.
29. Voilà le correspondant de Pilou. C'est ………… correspondant.
30. Voilà Bertrand, le frère de Lucien. C'est ………… frère.
31. La classe de Bertrand est là-bas. ………… classe est là-bas.
32. ………… appartement est grand, Lucien.
33. Jérôme cherche ………… sœur.
34. Stéphane fait ………… devoir d'allemand.
35. Vous cherchez ………… sœur, Madame? - Oui, je cherche ………… sœur.
36. Voilà la maison de Madame Clermont. ………… maison est jolie.
37. Le frère de Sophie est charmant. - Oui, ………… frère est charmant.

MES TES SES

Ein Besitzer und **mehrere** Besitztümer

1. J'arrive avec ………… amis David et Pierre.
2. Fais ………… devoirs, Nadine.
3. Pilou cherche ………… livres de philosophie.
4. Elle mange ………… croissants.
5. Monsieur Ledoux a deux maisons. ………… maisons sont grandes.
6. Marie regarde les photos de ………… amies.
7. Où sont ………… livres de français, Jacques?
8. Philippe aime bien ………… professeurs.
9. Fabienne, ………… clés sont où? - ………… clés? Les voilà!
10. Je fais ………… devoirs d'allemand et de français.
11. Paul écoute ………… disques.
12. Monsieur Perdtout cherche les adresses de ………… amis.
13. Fernand, tu as ………… clés?
14. Il habite chez ………… parents.
15. Je joue avec ………… enfants.
16. Où sont ………… cahiers de géographie?
17. Madame Nancy a deux voitures. ………… voitures sont grandes.
18. Je suis chez ………… amies.
19. Il cherche toujours ………… clés.
20. ………… livres sont dans l'armoire.
21. Elle aime ………… sœurs.
22. ………… photos sont formidables, Louis!
23. Regarde, Dominique mange ………… croissants!
24. Tu téléphones à ………… sœurs?
25. Paul fait ………… valises.
26. Pilou est avec ………… amis.
27. Stéphane fait une fête. - Très bien! ………… fêtes sont super!
28. Barbara joue avec ………… deux chattes.
29. Marlène a deux amies. ………… amies sont Valérie et Lucienne.
30. ………… timbres sont intéressants, Bertrand.
31. Je cherche ………… disques.
32. Monsieur Lebrun a trois bureaux. ………… bureaux sont à Paris.
33. Tu écoutes ………… CD?
34. Florence cherche ………… parents à la gare.
35. Sylvie parle de ………… problèmes.
36. J'aime les films de Spielberg. ………… films sont formidables.
37. Elle fait ………… exercices d'anglais.

NOTRE VOTRE LEUR

Mehrere Besitzer und **ein** Besitz.
Bei *votre* auch **ein** Besitzer und **ein** Besitz (*Ihr, Ihre* Höflichkeitsform).

1. Nous aimons .... père.
2. Voilà Joseph et Alain. .... sœur est l'amie de Philippe.
3. Qu'est-ce que vous faites? - Nous faisons .... devoir de français.
4. .... appartement est grand, Pilou et Barbara.
5. Ils organisent une fête avec .... classe.
6. Qu'est-ce que vous écoutez? - .... CD d'allemand, maman.
7. Nous cherchons .... frère.
8. Vous prenez .... goûter? - Oui, nous prenons .... goûter.
9. Voilà Fabienne et Bernadette. .... hobby, c'est la danse.
10. Voilà Valérie et Sylvie. .... sœur travaille à la poste.
11. Vous faites .... devoir? - Oui, on fait .... exercice de français.
12. Dans .... groupe de français il y a 25 élèves.
13. Les filles jouent avec .... frère.
14. Jacques et Pierre sont sportifs. .... hobby, c'est le foot.
15. Elles travaillent beaucoup pour .... fête.
16. C'est le frère de Nadine et Florence. .... frère est très drôle.
17. Les garçons sont dans un club de judo. .... hobby, c'est le judo.
18. Les élèves font un concert. .... concert est formidable.
19. On écoute .... CD de Moustaki. .... CD est chouette.
20. Vous faites .... exercice de géographie? - Oui, nous faisons .... exercice de géographie.
21. Les garçons gagnent .... match de foot.
22. Regardez, Pierre et Paul! .... numéro de loterie gagne!
23. .... père arrive à la gare.
24. Vous cherchez .... ami, Monsieur Dupont?
25. Je vous donne .... adresse.
26. Vite, on joue .... sketch.
27. Nous jouons avec .... chat.
28. Nous sommes dans un club de photo. .... hobby, c'est la photo.
29. .... numéro de clown est formidable, Jérôme et Louis!
30. C'est l'adresse de Dominique et Nathalie? - Oui, c'est .... adresse.
31. .... idée est formidable, Fernand et Étienne!
32. Dans .... ville il y a une piscine et un musée.
33. Les enfants arrivent avec .... grand-père.
34. Bernadette et Nicole sont en ville avec .... mère.
35. Vous avez .... valise, Madame?

NOS VOS LEURS

Mehrere Besitzer und **mehrere** Besitztümer.
Bei *vos* auch **ein** Besitzer und **mehrere** Besitztümer (*Höflichkeitsform*).

1. Voilà ……… chambres, Marie et Valérie.
2. Nous cherchons ……… cahiers de géographie.
3. ……… idées sont formidables, Luc et Pilou!
4. Vous regardez ……… photos, Fabienne et Philippe? - Oui, nous regardons ……… photos du club photo.
5. Qu'est-ce que vous faites? - Nous faisons ……… exercices de français.
6. On regarde ……… photos.
7. ……… amis sont à Paris.
8. Ils mangent ……… croissants.
9. Ce sont les crayons des enfants? - Oui, ce sont ……… crayons.
10. Monsieur et Madame Lebrun cherchent ……… valises.
11. Où sont ……… billets de loterie, Madame?
12. Nous regardons les vidéos des Boucans. ……… vidéos sont super!
13. Ils échangent ……… timbres contre dix disques.
14. J'aime les boums de la 5ème 3 - Oui, ……… fêtes sont toujours extra!
15. Formidables, ……… idées, Fernand et Nicole! - Oui, ……… idées sont toujours bonnes.
16. ……… amies sont à la gare de Vienne.
17. ……… professeurs jouent dans un groupe de rock.
18. Les enfants jouent avec ……… voitures.
19. Voilà Henri et Lucien. ……… hobbies sont le foot et le tennis.
20. J'aime Moustaki et Prévert. - Oui, ……… chansons sont super!
21. Pierre regarde tous les vidéos de Sharon Stone et Kim Basinger. Il aime ……… films.
22. Les enfants parlent de ……… problèmes avec ……… parents.
23. Qui est-ce, là-bas? - Les deux garçons? ……… noms sont David et Paul.
24. Elles écrivent des lettres à ……… mères.
25. Qui joue? - Manchester United. ……… matches sont toujours intéressants.
26. Vous faites ……… exercices d'allemand?
27. Ils travaillent avec ……… amis.
28. Luc et Bertrand aiment discuter. ……… conversations sont toujours intéressantes.
29. Les enfants sont chez Madame Bertin. ……… mères sont en ville.
30. Vous cherchez ……… clés? Les voilà.
31. ……… livres de géographie sont dans la classe.

METS LES DÉTERMINANTS POSSESSIFS

1. C'est la chambre de Nicole. C'est ………… chambre.
2. C'est ………… père sur la photo? - Oui, c'est ………… père.
3. Voilà la photo de ………… amie.
4. C'est ………… sœur? - Oui, c'est ………… sœur.
5. Monsieur, c'est ………… livre? - Oui, c'est ………… livre, merci.
6. Je cherche ………… ami.
7. Je cherche ………… amie.
8. C'est ………… chien Rex? - Oui, c'est ………… chien.
9. Madame, c'est ………… voiture? - Oui, c'est ………… voiture.
10. Qu'est-ce qu'il cherche? - ………… cahier.
11. Qu'est-ce qu'elle écoute? - ………… CD de Brel.
12. Voilà ………… appartement. - Ah, c'est chouette ………… appartement.
13. C'est la correspondante de Françoise. C'est ………… correspondante.
14. Voilà ………… adresse. - Merci.
15. ………… mère s'appelle Sophie.
16. Regarde! ………… père arrive!
17. Je cherche l'appartement de Nicole. Je cherche ………… appartement.
18. C'est la photo de Nicole et Pierre. C'est ………… photo.
19. Voilà le frère de Fabienne et Marc. Voilà ………… frère.
20. J'habite dans l'appartement de Sophie et Louis. C'est ………… appartement.
21. C'est l'amie de Philippe. C'est ………… amie.
22. C'est la grand-mère de Valérie. C'est ………… grand-mère.
23. Voilà le chat de Jérôme. C'est ………… chat.
24. Voilà la chatte de Madame Legrand. C'est ………… chatte.
25. C'est ………… appartement, Monsieur? - Oui, c'est ………… appartement.
26. Vous cherchez ………… livres ? - Oui, nous cherchons ………… livres.
27. C'est le correspondant de Pierre. C'est ………… correspondant.
28. Tu fais ………… exercices? - Oui, je fais ………… exercices.
29. David, est-ce que tu as ………… montre?
30. Où sont ………… cahiers? - ………… cahiers? Là-bas, sur le bureau, Nicole.
31. Philippe arrive avec ………… père.
32. Voilà Monsieur et Madame Verlain. ………… enfants sont Luc et Marie.
33. Nous sommes à Paris avec ………… amis.
34. Ils cherchent ………… livres.
35. Marie est à Brest avec ………… frère et ………… sœur.
36. Il joue avec ………… grand-mère.
37. Nathalie cherche ………… sœur.
38. Barbara et Marie arrivent avec ………… frère.
39. Michelle regarde ………… photos.
40. Vous faites ………… exercices? - Oui, nous faisons ………… exercices.

41. Elles jouent avec ……… amies.
42. Voilà la maison de Monsieur Racine. C'est ……… maison.
43. C'est ……… mère sur la photo, Alain et Pilou?
44. C'est le jardin de Madame Fernand. C'est ……… jardin.
45. Ce sont les sœurs de Pierre? - Oui, ce sont ……… sœurs.
46. Madame, c'est ……… sac? - Oui, c'est ……… sac.
47. Je cherche ……… amis.
48. Nadine cherche ……… amies.
49. Qu'est-ce qu'ils cherchent? - ……… livres de français.
50. Qu'est-ce que tu écoutes? - ……… CD d'Aznavour.
51. C'est le grand-père de Nathalie. C'est ……… grand-père.
52. C'est l'adresse de Madame Bernstein? - Oui, c'est ……… adresse.
53. Ce sont les parents de Marie et Nicole. - Ce sont ……… parents.
54. Voilà la chatte de Barbara. C'est ……… chatte.
55. Voilà le chat de Sophie. C'est ……… chat.
56. Nous cherchons ……… voiture.
57. Vous faites ……… devoirs? - Oui, nous faisons ……… devoirs.
58. Où sont ……… livres? - ……… livres? Là-bas, sur la table, Jérôme.
59. Pierre et François arrivent à la gare avec ……… mère.
60. Voilà Madame Calvaire. ……… enfants sont David et Étienne.
61. Nous sommes à Lyon avec ……… amis.
62. Louis et Dominique! ……… amis sont là!
63. Lucien, tu as ……… livre de français?
64. Ils jouent avec ……… chat et ……… chien.
65. Tu arrives avec ……… cousin?
66. Je cherche ……… photos.
67. C'est la tante de Stéphane. C'est ……… tante.
68. Ils arrivent avec ……… parents.
69. Tu cherches ……… cousine, Philippe? Elle est là-bas, avec Nadine.
70. Voilà Madame et Monsieur Ledoux. ……… enfants parlent français.
71. Il y a un livre sur ……… bureau.
72. La voiture de Paul est une Ford. - Comment? - ……… voiture est une Ford.
73. Jacques est dans ……… chambre.
74. Marie-Claire est dans ……… jardin.
75. Ah, voilà ……… clés!
76. Le frère de Pilou est à Angers. - Comment? ……… frère est à Angers?
77. Je suis dans ……… chambre, maman!
78. Il regarde ……… photos.
79. Je fais ……… devoirs.
80. Nous écoutons ……… prof de français.
81. Ce sont ……… livres sur la table, Valérie?
82. On fait ……… exercice d'allemand.
83. ……… boum est super, Florence!

LA FAMILLE

le membre de la famille	Familienmitglied
le père	der Vater
la mère	die Mutter
les parents (m)	die Eltern
l'enfant (m, f)	das Kind
le fils	der Sohn
la fille	die Tochter
le frère	der Bruder
la sœur	die Schwester
les frères et sœurs	die Geschwister
le grand-père	der Großvater
la grand-mère	die Großmutter
les grands-parents (m)	die Großeltern
le petit-fils	der Enkel
la petite-fille	die Enkelin
les petits-enfants (m)	die Enkelkinder
le parent	der Verwandte
la parenté	die Verwandtschaft
l'oncle (m)	der Onkel
la tante	die Tante
le neveu	der Neffe
les neveux	die Neffen
la nièce	die Nichte
le cousin	der Cousin
la cousine	die Cousine
le beau-père	der Schwiegervater
les beaux-pères	die Schwiegerväter
la belle-mère	die Schwiegermutter
les belles-mères	die Schwiegermütter
les beaux-parents	die Schwiegereltern
le gendre	der Schwiegersohn
la belle-fille	die Schwiegertochter
les belles-filles	die Schwiegertöchter
le beau-frère	der Schwager
les beaux-frères	die Schwager
la belle-sœur	die Schwägerin
les belles-sœurs	die Schwägerinnen

LE VERBE PRONOMINAL: S'APPELER
Das reflexive Verb: s'appeler (heißen)

s'appeler heißen *(eigentlich: sich nennen)*

je	**m'**	appelle
tu	**t'**	appelles
il/elle/on	**s'**	appelle
nous	**nous**	appelons
vous	**vous**	appelez
ils/elles	**s'**	appellent

Imperativ ungebräuchlich.
Siehe auch Fragebildung Seite 32
und Verneinung Seite 58.

1. Vous .... (s'appeler) Legrand?
2. Non, je .... Poulot.
3. C'est ma correspondante. Elle .... Marie.
4. Le frère de Pascal .... Roger.
5. Mes parents .... Léon et Julie.
6. Nous .... Lafontan.
7. Ton petit cousin .... comment?
8. Ma tante .... Bernadette.
9. Mon beau-père .... Charles.
10. Ma belle-sœur .... Christine.
11. Voilà mes petits-enfants. Ils .... Fernand et Nathalie.
12. Ma cousine .... Valérie.
13. Tu .... Dominique?
14. Oui, je .... Cécile Dubois.
15. Mes beaux-parents .... Delmont.
16. Ton amie .... comment?
17. Nos enfants .... Sophie et Alain.
18. Nous .... Sagan.
19. Mes belles-sœurs .... Sylvie et Marie.
20. Le neveu de ma tante .... Philippe.
21. Ma belle-mère .... Thérèse.
22. Nos neveux .... Pierre et Paul.
23. Vous .... Falot, n'est-ce pas?

PRÉPOSITIONS

à *zu, nach, in, auf*

Je suis **à** la gare.
Nous sommes/allons (*gehen*) **à** la maison.
Tu habites **à** Paris?
Elle travaille **à** la poste.
Pierre est **à** la porte.
Il y a un film avec Jean Gabin **à** la télé.
J'écoute Jacques Brel **à** la radio.
Il est **à** l'hôtel.

Attention 1:

	à + Ortsnamen	
	à Vienne	
	à Paris	
	à Berlin	
mais (*aber*):	en Avignon	au Havre
	en Arles	

en *in*

en + Ländernamen

en France	**au** Portugal	in Portugal
en Allemagne	**au** Canada	in Kanada
en Angleterre	**à** Madagascar	in Madagaskar
en Autriche	**à** Chypre	in Zypern
en Italie	**aux** États-Unis	in den Vereinigten Staaten
être **en** ville	**en** Inde	in Indien
être **en** vitrine	**aux** Pays-Bas	in den Niederlanden
J'**en** ai plein le dos!		in der Stadt sein
		im Schaufenster sein
		Mir reicht's!

Attention 2:

Il dépense son argent de poche **en** livres.   Er gibt sein Taschengeld f. B. aus.

dans *in, auf*

dans l'appartement
dans un bureau
dans ma chambre
dans notre jardin
dans la rue *(auf der Straße)*

Attention 3: **Sans** préposition *(ohne Präposition)*:

J'habite	**rue** Chabrol.
Ils habitent	**place** Pigalle.
Vous êtes	**quai** de Cologne.
Il est	**rue** Leroi.

sur *auf*

sur mon lit
sur la table
sur la photo

sous *unter*

sous l'armoire
sous le lit
sous la table

avec *mit*

avec mon frère
avec Nadine
avec mes parents

sans *ohne*

sans mes parents
sans Nicole

21

près de *neben, in der Nähe von*		
	près de Paris	
	près de moi	
	près de la gare	

chez *zu, bei*		
	chez moi	bei mir zu Hause
	aller / être chez son ami	zu seinem Freund gehen / bei s. Freund sein
	chez Pierre	
	chez Sartre	in einer Textstelle von Sartre

de *von*		
	le plan de Paris	
	l'adresse de Françoise	
	l'amie de Pierre	
	la correspondante de Barbara	
	le père de Pilou	
	un club de foot	
	être de passage	auf der Durchreise sein

pour *für, nach*		
	La cassette est pour Pierre.	
	pour toujours	für immer
	Il part pour Paris.	Er fährt nach Paris / reist nach Paris ab.

contre *gegen*		
	tomber contre la table	gegen den Tisch fallen
	échanger des timbres contre des serviettes	Marken gegen Servietten tauschen

METS LES PRÉPOSITIONS

1. Vous habitez .... Lille?
2. Je suis .... Autriche .... ma mère.
3. Arles est .... Nîmes.
4. Regarde, ton livre est .... le bureau.
5. Où est l'adresse .... Pierre Montand?
6. .... ma chambre il y a un lit, une armoire et un bureau.
7. Le chien est .... mon lit.
8. Je suis .... la maison.
9. Ma chatte est .... le jardin.
10. C'est qui .... la photo?
11. Pierre est .... Canada .... sa famille.
12. Pilou est .... la gare.
13. Nous sommes .... ville .... notre grand-mère.
14. J'écoute Gilbert Bécaud .... la radio.
15. Monsieur Trenet est .... l'hôtel.
16. Michelle habite .... rue de Londres.
17. C'est qui .... la photo .... toi?
18. J'habite .... boulevard St.Michel.
19. Les enfants jouent .... la rue.
20. Vous êtes .... États-Unis.
21. Voilà le plan .... Paris.
22. Je suis .... l'appartement .... Marie.
23. Pierre habite .... ses amis.
24. Monsieur Brassens est le père .... Valérie.
25. C'est l'ami .... Florence.
26. Vite .... la gare!
27. Nous regardons un film .... Sharon Stone .... la télé.
28. Nicole est sa correspondante .... Angleterre.
29. Je suis .... moi.
30. Regardez la photo. C'est Jean .... moi.
31. Il y a une piscine .... notre jardin.
32. Il habite .... Rossignol.
33. Nadine est .... la porte.
34. Madame Sardou travaille .... la poste.
35. Vous allez .... la maison.
36. Nous sommes .... Angleterre.
37. Il travaille .... un bureau.
38. Vous êtes .... Inde.
39. Voilà une photo .... Sophie et Fernand.
40. Le chat est .... l'armoire.

41. Je suis .... la cuisine, maman!
42. J'échange mes timbres .... ta collection de serviettes.
43. Ils sont .... le train .... Lille.
44. Le chat est .... le bureau.
45. Monsieur Legrand travaille .... sa cuisine. Il fait un gâteau.
46. Mei Lin travaille .... un restaurant chinois.
47. Madame Deneuve habite .... Toulouse.
48. Nicole! Tu es où? .... la salle de bains .... mon bébé.
49. J'ai une correspondante .... Londres.
50. Luc travaille .... la gare. Sa femme .... la poste.
51. Je cherche la photo .... Cécile. Ah, la voilà, ... ma poche.
52. Nous écoutons l'exercice .... le CD.
53. Il cherche son livre .... français .... son bureau.
54. Elle est .... la maison .... son ami.
55. C'est notre prof .... anglais, là-bas.
56. Nous organisons une fête .... la sixième 3.
57. Alain et Joseph jouent .... un groupe .... rock.
58. Je suis .... un club photo.
59. Qu'est-ce que nous faisons .... notre boum?
60. Louis joue .... un club .... foot .... Pierre.
61. Fernand joue .... son chat .... le jardin.
62. Le prof pose une question .... Susanne.
63. Henri a une bonne idée .... la fête .... anniversaire.
64. Regardez! Voilà la femme .... Monsieur Cardin.
65. Qui joue? - La troisième 1 .... la troisième 2.
66. C'est une bonne idée .... Catherine.
67. Voilà le cadeau .... Barbara.
68. Tu as mon billet .... théâtre? - Non, c'est un billet .... loterie.
69. Nicole parle .... sa mère.
70. Tu es .... accord?
71. Leur numéro .... clown est très drôle.
72. Bonsoir, Monsieur. Je suis la fille .... Madame Géronte.
73. .... la fête je fais un numéro .... mon chat et mon chien.
74. Je cherche l'adresse .... Monsieur Tintin.
75. Nous habitons .... rue de Seine.
76. Pilou est .... France .... sa grand-mère.
77. Ils ont un étang .... leur jardin.
78. Nous écoutons les nouvelles .... la radio.
79. Qui est .... la porte?
80. Marie est ma correspondante .... Allemagne.
81. Marie est .... sa correspondante .... Allemagne.
82. Barbara habite .... ses parents.
83. Mes parents sont .... Madagascar maintenant.

84. ………… notre club ………… tennis il y a Pilou, Louis, Pierre et David.
85. ………… la rue Leroc il y a deux cafés.
86. ………… leur quartier il y a un parc.
87. Il achète des bonbons ………… son amie.
88. Je cherche un livre ………… un copain.
89. Les touristes sont ………… passage.
90. Maurice est un copain ………… Pierre.
91. Qu'est-ce que vous faites ………… Paris?
92. ………… revoir, Madame.
93. Jacques et son frère sont ………… ville.
94. Ils cherchent un souvenir ………… leurs parents.
95. Mireille, tu es où? - Je suis ………… la salle de bains.
96. ………… tout ………… l'heure!
97. Passe ………… Monsieur Lille et achète deux baguettes.
98. Madame Renard entre ………… la boulangerie.
99. ………… acheter des pommes je vais ………… marché.
100. ………… acheter des croissants tu vas où? - ………… la boulangerie.
101. Il dépense son argent ………… poche ………… livres.
102. Je paie ………… la caisse.
103. Le pull est ………… vitrine.
104. Tu as ton ticket ………… caisse?
105. J'aime beaucoup les pains ………… chocolat.
106. Tu vas où? - ………… la boucherie.
107. Florence entre ………… la papeterie.
108. Il y a des éclairs ………… le boulanger.
109. Le petit Pilou fait les courses ………… sa mère.
110. Nous avons une maison ………… la campagne.
111. Les garçons sont ………… la M.J.C.
112. Il y a des poissons ………… Monsieur Legrand.
113. Qu'est-ce qu'on achète ………… notre fête?
114. Je lis la lettre ………… mamie.
115. Nous regardons un film ………… les chats.
116. Il achète des cigarettes ………… Madame Lebrun.
117. Passez ………… Madame Lefèvre et achetez des pommes s'il vous plaît.
118. Nos amis arrivent ………… leurs parents.
119. Tu es ………… accord?
120. Nous habitons ………… un appartement.
121. Les enfants jouent ………… la rue.
122. Je prends le train ………… Paris.
123. Elle achète un magazine ………… bureau ………… tabac.
124. Nous entrons ………… le parc.
125. ………… ma classe il y a treize filles.
126. C'est le train ………… Calais?

INTERROGATION TOTALE – *Entscheidungsfrage*

La réponse : **Oui. / C'est ça. / Bien sûr. / Naturellement. / Non. / Pas du tout.**

(*Die Antwort auf eine Entscheidungsfrage ist:*
Ja. / So ist es. / Sicherlich. / Natürlich. / Nein. / Überhaupt nicht.)

1. INTERROGATION PAR INTONATION : *Intonationsfrage*

*Die **Wortstellung** bleibt wie im Aussagesatz, **Satzmelodie steigt** zum Satzende.*
*Vorwiegend im **gesprochenen** Französisch verwendet.*

C'est l'amie de Pierre?	– Oui, c'est son amie.
Vous parlez français?	– Oui, nous parlons français.
Tu es Nadine?	– Oui, c'est moi.
C'est Pilou?	– Non, c'est Jacques.
Tu cherches ton livre?	– Oui, c'est ça.
Tu as faim?	– Non, pas du tout.
Tu aimes Paris?	– Oui, bien sûr.

2. INTERROGATION AVEC *est-ce que*

*Die **Wortstellung** bleibt wie im Aussagesatz, **est-ce que** steht am Satzanfang.*
*Im **gesprochenen und geschriebenen** Französisch verwendet.*

Est-ce que	vous	habitez à Paris?	– Oui, nous habitons à Paris.
Est-ce que	vous	parlez français?	– Oui, nous parlons français.
Est-ce que	tu	cherches ton livre?	– Oui, je cherche mon livre.
Est-ce que	Nicole	a un frère?	– Oui, elle a un frère.
Est-ce qu'	il	fait ses devoirs?	– Oui, il fait ses devoirs.
Est-ce qu'	il	aime Marie?	– Oui, il adore Marie.
Est-ce qu'	elle	écoute la radio?	– Oui, elle regarde la télé.
Est-ce qu'	ils	sont à la gare?	– Non, ils sont à la gare.
Est-ce qu'	Alain	arrive chez Inès?	– Oui, il arrive chez elle.

*Achtung: Vor **Vokalen** wird **que** zu **qu'**:*

Est-ce que ⇩ Subjekt ⇩ Verb, Ergänzung ⇩

INTERROGATION TOTALE - *Entscheidungsfrage*

*Vergleiche **Intonationsfrage** und Frage mit **est-ce que**:*

	tu écoutes la radio? ↘	(**Stimme senkt sich** *wie im Aussagesatz.*)
	Tu écoutes la radio? ↗	(**Stimme wird am Ende angehoben**.)
Est-ce que	Pierre parle français? ↗	*(geschrieben, gesprochen)*
	Pierre parle français? ↗	*(gesprochen)*
Est-ce que	tu habites à Paris? ↗	*(geschrieben, gesprochen)*
	Tu habites à Paris? ↗	*(gesprochen)*
Est-ce qu'	il arrive à la gare? ↗	*(geschrieben, gesprochen)*
	Il arrive à la gare? ↗	*(gesprochen)*
Est-ce qu'	elle est dans sa chambre? ↗	*(geschrieben, gesprochen)*
	Elle est dans sa chambre? ↗	*(gesprochen)*
Est-ce qu'	on fait notre exercice maintenant? ↗	*(geschr., gespr.)*
	On fait notre exercice maintenant? ↗	*(gesprochen)*
Est-ce qu'	ils cherchent leurs parents? ↗	*(geschrieben, gesprochen)*
	Ils cherchent leurs parents? ↗	*(gesprochen)*
Est-ce qu'	elles regardent la télé? ↗	*(geschrieben, gesprochen)*
	Elles regardent la télé? ↗	*(gesprochen)*
Est-ce que	nos parents sont à la gare? ↗	*(geschrieben, gesprochen)*
	Nos parents sont à la gare? ↗	*(gesprochen)*

INTERROGATION PARTIELLE – Teilfrage mit Fragewort

1. QUI ? *Wer?*

Qui vient? *(Wer kommt?)*	Maurice vient.
Qui est là?	C'est Pierre.
Qui est la fille là-bas? *(Wer ist das M. dort?)*	C'est Nadine.
Qui sont les enfants là-bas?	Philippe et Pilou.
Qui a mon livre de français?	Moi.
Qui a un frère?	Dominique.
Qui fait les photos?	Jacques.
Qui est-ce? *(Wer ist das?)*	C'est Pilou, mon frère.
C'est qui? *(Wer ist das?)* *(gesprochen)*	C'est Madame Duhamel.
Qui c'est? *(Wer ist das?)* *(gesprochen)*	C'est ma mère.

2. POUR QUI?, DE QUI?, AVEC QUI ? *Für wen? Von wem? Mit wem?*

Pour qui sont les croissants?	Pour maman.
Les croissants sont **pour qui**? *(gesprochen)*	Pour maman.
Pour qui est le livre?	Pour Richard.
Le livre est **pour qui**? *(gesprochen)*	Pour Joachim.
De qui sont les fleurs?	De Monsieur Boileau.
Les fleurs sont **de qui**? *(gesprochen)*	De Monsieur Boileau.

*Achtung 1: **Pour qui** est/sont, **de qui** est/sont, **avec qui** est/sont werden ohne est-ce que verwendet.*

Pour qui est-ce qu'il a un souvenir? *(Für wen?)*	Pour son frère.
Il a un souvenir **pour qui**? *(gesprochen)*	Pour son frère.
De qui est-ce qu'il parle? *(Von wem?)*	De son amie.
Il parle **de qui**? *(gesprochen)*	De son amie.
Avec qui est-ce qu'il arrive? *(Mit wem?)*	Avec sa sœur.
Il arrive **avec qui**? *(gesprochen)*	Avec sa sœur.

Achtung 2: Endstellung d. Fragewortes nur i. d. gesprochenen Sprache.

3. QU'EST-CE QUE? *Was?*

Qu'est-ce que c'est? *(Was ist das?)*	C'est mon billet de loterie.
Qu'est-ce que vous faites? *(Was macht ihr / machen Sie?)*	Un exercice de français.
Qu'est-ce que tu regardes?	Je regarde mes photos.
Qu'est-ce qu'il écoute?	Un CD de Bécaud.
Qu'est-ce que Marie mange?	Un croissant.
Qu'est-ce qu'elle est? *(Was ist sie von Beruf?)*	Elle est boulangère.
Qu'est-ce qu'on fait?	On regarde un film.
Qu'est-ce que tu prends?	Un café noir.
Qu'est-ce qu'il y a à la M.J.C.? *(Was gibt es / Was ist los im Jugendzentrum?)*	On joue un film.
Qu'est-ce que tu as là? *(Was hast du da?)*	J'ai un ticket.

4. QUE? *Was?*

*Wird verwendet, wenn **Subjekt** ein **Hauptwort** / **Name** ist.*

Que fait Denis?	Il fait ses devoirs.
Que dit Philippe?	Rien.
Que disent les autres? *(Was sagen die anderen?)*	Ils disent: Non.

Achtung: Wenn Subjekt ein *Hauptwort* / *Name* ist, kann die **Kurzform QUE?** verwendet werden. Wenn Subjekt ein **Pronomen** (**je, tu, il, elle, on, nous, vous, ils, elles**) ist, wird **QU'EST-CE QUE?** *verwendet.*

Vergleiche:

Que font **Nicolas et Robert**? *(Kurzform)*
Que disent **maman et papa**? *(Kurzform)*
Que cherche **ta sœur**? *(Kurzform)*

Qu'est-ce qu'ils font? *(Subjekt ist Pronomen)*
Qu'est-ce qu'on fait maintenant? *(Was machen wir jetzt?) (Subjekt ist Pronomen)*
Qu'est-ce que nous faisons maintenant? *(Was machen wir jetzt?) (Subj. ist Pron.)*
Qu'est-ce que vous dites? *(Subjekt ist Pronomen)*

5. QUOI? *Was?*

1. *Wird in der gesprochenen, familiären Sprache am Satzende verwendet.*

Il fait **quoi**?
Elle dit **quoi**?
Vous cherchez **quoi**?
Papa regarde **quoi**?
C'est **quoi**? (*Was ist das?*)

Vergleiche: Qu'est-ce qu'il fait?   geschriebene u. gespr. Sprache
Il fait **quoi**?   gesprochene, familiäre Sprache

2. *Quoi muss nach Präpositionen verwendet werden.*

Avec **quoi** est-ce que Bertrand dessine? (*Womit zeichnet B.?*)   Avec un crayon.
De **quoi** est-ce que vous parlez? (*Wovon sprecht ihr?*)   De nos vacances.

6. OÙ EST / SONT? *Wo ist / sind?* D'OÙ EST / SONT? *Von wo?*

Où est ton frère?   D'où est ta robe? - De Paris.
Ton frère est **où**? (*familiär*)   Ta robe est **d'où**? (*familiär*)
Où sont mes livres?   D'où sont les pommes? - D'Autriche.
Mes livres sont **où**? (*familiär*) Les pommes sont **d'où**? (*familiär*)

7. OÙ? *Wo? / Wohin?*

*Où kann alleine, ohne est-ce que stehen, wenn das **Subjekt ein Substantiv** ist und der Satz **kein Objekt** hat.*

Où habitent les Legrand?   = Où est-ce que les L. habitent?
Les Legrand habitent **où**? (*familiär*)
Où travaille Mireille?   = Où est-ce que M. travaille?
Mireille travaille **où**? (*familiär*)
D'où arrivent Paul et Marc? (*von wo?*)   = D'où est-ce que P.et M. arrivent?
Paul et Marc arrivent **d'où**? (*familiär*)

8. OÙ EST-CE QUE? *Wo?/ Wohin?*

1. *Où est-ce que steht vorwiegend wenn Subjekt ein Pronomen (je, tu, il, elle, on, nous, vous, ils, elles, ce) ist.*

Où est-ce qu'**il** est? = Il est **où**? *(familiär)*
Où est-ce qu'**elle** habite? = Elle habite **où**? *(familiär)*
Où est-ce qu'**on** va maintenant? = On va **où** maintenant? *(familiär)*
Où est-ce que **vous** allez? = Vous allez **où**? *(familiär)*
Où est-ce que **c**'est? *(Wo ist das?)* = C'est **où**? *(familiär)*
D'où est-ce qu'**il** est? *(Von wo ist er?)* = Il est **d'où**? *(familiär)*

2. *Où est-ce que steht wenn der Satz ein Objekt hat.*

Où est-ce que Madame Leroc achète <u>**les croissants**</u>? *(Objekt)*
Où est-ce que Philippe joue avec <u>**ses amis**</u>? *(Objekt)*
Où est-ce que vous organisez <u>**la fête**</u>? *(Objekt)*
Où est-ce qu' il y a <u>**une boum**</u>? *(Objekt)*

9. QUAND (EST-CE QUE)? *Wann?*

Quand est-ce qu'il arrive?
Il arrive **quand**? *(familiär)*

Quand est-ce que tu organises la fête?
Tu organises la fête **quand**? *(familiär)*

10. POURQUOI EST-CE QUE? *Warum?*

Pourquoi est-ce qu'il cherche un appartement? Parce qu'il veut habiter seul.
Pourquoi est-ce que Nadine fait une fête? C'est son anniversaire.
Pourquoi est-ce qu'elle est triste? Luc danse avec Marie.
Pourquoi est-ce qu'il dit ça? Parce qu'il est furieux.

11. COMMENT (EST-CE QUE)? Wie?

Comment est-ce qu'il chante?	Faux.
Il chante **comment**? *(familiär)*	
Comment est-ce que tu trouves la boum?	Formidable.
Tu trouves la boum **comment**? *(familiär)*	
Comment est-ce que tu t'appelles?	Marie.
Tu t'appelles **comment**? *(familiär)*	
Comment est-ce que vous vous appelez?	Musset.
Vous vous appelez **comment**? *(familiär)*	
Comment est la boum?	Super.
La boum est **comment**? *(familiär)*	

Merke:	**Comment vas-tu?**	Wie geht es dir?
	Comment va-t-il?	Wie geht es ihm?
	Comment va-t-elle?	Wie geht es ihr?
	Comment allez-vous?	Wie geht es euch / Ihnen?

Anmerkung: Diese Form der Fragebildung wird in Sourire II genau erklärt.

12. QUEL, QUELS, QUELLE, QUELLES? Welcher, Welche(s), Wie?

Merke:	*quel*	für männlich Singular
	quels	für männlich Plural
	quelle	für weiblich Singular
	quelles	für weiblich Plural

Quel est ton / votre nom?	Wie ist dein / Ihr Name? / Wie heißt du / heißen Sie?
Ce sont **quels** livres, les tiens?	Welche sind deine Bücher?
Quelle est votre adresse?	Wie ist Ihre Adresse?
Quelles sont tes intentions?	Welche sind deine Absichten?

Quel film est-ce que tu regardes? Un film avec Sharon Stone.
Quelle musique est-ce qu'il écoute? Un CD de Brel.

À quelle heure est-ce qu'ils arrivent? *(Wann?)* Ils arrivent à neuf heures.
À quelle heure est-ce qu'elle prend son goûter? À cinq heures.

De quelle couleur est ton pullover? Mon pull est bleu.

Merke:	***Tu as quel âge?*** *Quel âge as-tu?*	*Wie alt bist du?*		*Douze ans.*
	Elle a quel âge? *Quel âge a-t-elle?*	*Wie alt ist sie?*		*Elle a trois ans.*
	Il a quel âge? *Quel âge a-t-il?*	*Wie alt ist er?*		*Il a neuf ans.*
	Vous avez quel âge? *Quel âge avez-vous?*	*Wie alt seid ihr / sind Sie?*	*Trente ans.*	
	Il est quelle heure? *Quelle heure est-il?*	*Wie spät ist es?*		*Il est cinq heures.*

Anmerkung: Diese Form der Fragebildung wird in Sourire II genau erklärt.

EST-CE QUE? ou QU'EST-CE QUE?

1. .... vous habitez place Pigalle?
2. .... ils font leurs devoirs?
3. .... les enfants font?
4. .... tu parles italien?
5. .... les amies regardent?
6. .... Alain habite aussi à Paris?
7. .... Angélique et Fabienne cherchent?
8. .... il fait à Vienne?
9. .... c'est?
10. .... les parents écoutent?
11. .... ton frère regarde?
12. .... il a un appartement?
13. .... ton père travaille à Nice?
14. .... tu as une soeur, Pilou?
15. .... Pierre aime Sophie?
16. .... tu manges, Daniel?
17. .... on fait pour notre fête?
18. .... elles sont à la gare?
19. .... Isabelle arrive chez Pascal?
20. .... ils sont là?
21. .... il y a au cinéma?
22. .... on fait maintenant?
23. .... M. Poulot dit?
24. .... tu as?
25. .... tu regardes un film?
26. .... vous travaillez en France?
27. .... vous avez là?
28. .... Jacques est à la maison?
29. .... nous faisons une fête le week-end?
30. .... c'est ton chat?
31. .... ton chien mange?
32. .... vous êtes à Rennes le week-end?
33. .... Nicolas a une voiture?
34. .... elle cherche son chat?
35. .... il est journaliste?
36. .... elle s'appelle Claire?
37. .... ils sont à la M.J.C?
38. .... vous faites du sport?
39. .... papa est d'accord?
40. .... maman est en ville?

34

QUI ou QU'EST-CE QUE?

1. .... est là?
2. .... il fait dans la cuisine?
3. .... regarde le film à la télé?
4. .... il y a sur la table?
5. .... est dans la salle de séjour?
6. .... tu cherches sous le lit?
7. .... vient le soir?
8. Pour .... sont les fleurs?
9. .... on fait à Paris?
10. .... a mes clés?
11. .... tu dessines?
12. Bertrand vient avec .... ?
13. .... tu prends?
14. C'est la voiture de .... ?
15. .... il cherche?
16. .... cherche son livre de français?
17. De .... sont les bonbons?
18. .... vous mangez?
19. .... ils font dans le parc?
20. .... est Monsieur Daudet?
21. Pour .... est le pain au chocolat sur la table?
22. .... vos parents font à Lille?
23. .... elles écoutent?
24. .... cherche un appartement à Paris?
25. .... s'appelle Dubois?
26. .... il y a au cinéma?
27. Il parle avec .... ?
28. .... habite près de Nantes?
29. .... vous dites?
30. .... tu fais dimanche?
31. Il joue avec .... ?
32. .... est Nicole?
33. .... c'est? - C'est Madame Duval.
34. .... c'est? - Un cadeau de mamie.
35. C'est .... là-bas?
36. .... vous voulez?
37. .... arrive demain?
38. De .... est la chanson?
39. .... prend un café?
40. .... est-ce?

TROUVE LES QUESTIONS

1. C'est un écrivain.
2. La photo de Nicole.
3. C'est moi.
4. Non, je m'appelle Simone.
5. Non, c'est la sœur de Marc.
6. Je cherche mon livre.
7. J'habite à Paris, rue de la Reine Blanche.
8. Non, c'est près de Vienne.
9. Non, ça va.
10. Très bien, merci.
11. Oui, un peu.
12. Oui, j'habite rue Verlain.
13. Un CD de Montand.
14. Le CD de Piaf.
15. Salut, c'est moi.
16. Les toilettes, là-bas, Madame.
17. Oui, je parle français.
18. À Toulouse.
19. C'est près de Linz.
20. Oui, c'est ma chambre.
21. Non, je cherche ma sœur.
22. Non, à Brest.
23. Non, mon chien.
24. Non, Philippe.
25. Dans la salle de bains.
26. Non, je suis l'amie de Robert.
27. La photo de Françoise.
28. Place Pigalle.
29. Mon frère.
30. Mon livre.
31. Non, un pain de campagne.
32. Voilà, Madame.
33. Le blond là-bas.
34. Non, je m'appelle Barbara.
35. C'est moi, Madame.
36. Pas très bien.
37. Non, c'est un musée.
38. Chez Pierre.
39. Monsieur L-E-G-R-A-N-D.
40. Non, c'est la chambre de Louis.

41. Un CD de Jacques Brel.
42. Il fait ses devoirs d'allemand.
43. Oui, je vais au café.
44. Oui, le CD d'Yves Montand.
45. Les clés, là-bas, sur la table.
46. 4, rue Montmartre.
47. C'est mon café.
48. Duhamel.
49. Mon devoir.
50. Parce qu'il est triste.
51. Avec Alain.
52. Pour Philippe.
53. De Pascale.
54. Il est de Paris.
55. Ils achètent des croissants.
56. À six heures.
57. Au marché.
58. Mon adresse est 6, rue Lefèvre.
59. Pour travailler.
60. Une chanson de Moustaki.
61. J'ai douze ans.
62. Mon nom est Fabienne.
63. À la boulangerie.
64. Oui, il est là.
65. À Michelle.
66. Nous partons à neuf heures.
67. De Paris.
68. Dans le parc.
69. La mère de Simone.
70. Parce qu'elle aime nager.
71. Nous disons au revoir.
72. Le goûter.
73. Nous avons quarante ans.
74. Près de Linz.
75. Très bien, merci.
76. C'est formidable.
77. Elle veut habiter seule.
78. Il arrive à huit heures.
79. Faux.
80. De leurs vacances.
81. Avec un crayon.
82. Ils disent: non.
83. On va au cinéma.

84. Ses photos.
85. Pour ma mère.
86. Oui, ils parlent français.
87. Non, il est Allemand.
88. Non, nous sommes de Nantes.
89. Pas mal, et toi?
90. Non, je suis en Autriche.
91. Oui, c'est moi.
92. Les clés là-bas.
93. Non, Nice est en France.
94. Le pain? À la boulangerie.
95. Non, je parle seulement anglais.
96. Non, c'est Catherine Deneuve.
97. Oui, j'ai des CD de Montand.
98. Non, elle est sous le lit.
99. Oui, trop vite.
100. C'est Fernand, le frère de Sophie.
101. Bertrand.
102. Oui, c'est chouette là-bas.
103. C'est près d'ici.
104. Un peu.
105. Le plan de Paris.
106. Boulevard de Marseille.
107. Oui, un stade et une piscine.
108. C'est un lac.
109. Oui, c'est calme.
110. Un exercice d'italien.
111. Oui, c'est ça.
112. Non, pas du tout.
113. Oui, bien sûr.
114. Non, nous regardons la télé.
115. Non, elle a deux sœurs.
116. Non, ils cherchent leur chat.
117. Non, elle adore Pascal.
118. Oui, à onze heures.
119. Non, après.
120. Oui, deux 's'.
121. Il va au cinéma avec sa sœur.
122. Parce qu'il est tard.
123. Une tartine.
124. Une lettre.
125. On prépare une fête.
126. Rien.

127. De notre école.
128. Neuf heures.
129. Parce que je suis fatigué.
130. Les CD-ROM sont pour mon prof de français.
131. Les cahiers sont sous le lit.
132. La petite blonde là-bas.
133. La lettre de tante Henriette est dans mon bureau.
134. C'est une photo de Michel.
135. Il travaille en Allemagne.
136. Pierre et Fabienne viennent le soir.
137. C'est son anniversaire.
138. La voiture bleue près de la boulangerie.
139. À la librairie.
140. Oui, je trouve que Bernadette est super.
141. Oui, il est devant la télé.
142. Barbara parle trop vite.
143. Ils arrivent de France.
144. Un café au lait.
145. À Monique.
146. Son chien.
147. Il y a des légumes et des fruits.
148. Il dit qu'il vient tard.
149. Le grand brun près de Monsieur Delmont.
150. Trente ans.
151. Ils sont à l'école.
152. Je vais en ville.
153. Le train arrive à huit heures.
154. Oui, j'ai la clé.
155. Mon nom est Marie-Claire.
156. Elles sont dans le sac.
157. Au bureau de tabac.
158. Pour les enfants.
159. Pour aller voir sa tante.
160. Elle partage sa chambre avec Nadine.
161. Au cinéma.
162. Le livre est pour Christian.
163. Son adresse est 13, rue Bertrand.
164. Elle va faire les courses.
165. Elle va au supermarché.
166. Des croissants.
167. Elle est blanche.
168. Il y a des livres et des cartes postales.
169. Il fait son lit.

TROUVE LES QUESTIONS

1. Pierre cherche son livre.
2. Maman est dans sa chambre.
3. Ton frère est en France.
4. C'est Madame Renoir.
5. Nous faisons une fête.
6. M. Dubois est à Nîmes.
7. Je cherche mon chien.
8. Mes enfants sont là-bas.
9. Je fais mon devoir.
10. Sophie travaille à Paris.
11. Il a des CD de Moustaki.
12. Nicole est dans la salle à manger.
13. Nous écoutons la radio.
14. C'est la chambre de Pilou.
15. Elle est à Paris avec Nathalie.
16. Il y a une boum chez Valérie.
17. Ils regardent des photos.
18. Marie parle à David.
19. On fait notre devoir de français maintenant.
20. Elle chante avec Véronique.
21. Pierre est à la poste.
22. Nicole a des CD de Patricia Kaas.
23. Dans notre ville il y a une piscine.
24. Monsieur Legrand est l'homme sur la photo.
25. Denis arrive chez Louis.
26. Ils cherchent un restaurant.
27. Barbara est l'amie de Fernand.
28. Le gâteau est délicieux.
29. Jacques écoute un disque de Madonna.
30. On fait une loterie pour l'anniversaire de Pierre.
31. Nous regardons un film de Spielberg.
32. Les élèves organisent un concert.
33. Elle fait de la danse classique.
34. C'est le manteau de Marie.
35. Alain cherche son billet de loterie.
36. Fernand et Pilou dansent très bien.
37. Barbara mange sa tartine.
38. Il y a une fête formidable chez mes amis.
39. Elle aime faire une promenade.
40. Juliette travaille au restaurant.

41. Nous cherchons les photos de classe.
42. Mon adresse est 5, rue Lebrun.
43. Pilou a ma voiture.
44. Tu habites place Chambord.
45. L'idée de Grégoire est extra!
46. Nous sommes dans la cuisine avec maman.
47. Les garçons préparent notre goûter.
48. Bertrand et Joseph font un match de foot avec leur classe.
49. Elle aime bien son chien.
50. Les filles chantent une chanson autrichienne.
51. Nous regardons la télé.
52. Le restaurant est près de la gare.
53. Michel passe un disque de Mozart.
54. C'est Pierre Montand.
55. Nous organisons un goûter dans notre classe.
56. Les filles gagnent le match de tennis.
57. Le professeur parle avec Paul.
58. L'amie de Philippe est chouette.
59. Ce sont les chambres des enfants.
60. Étienne est le frère de Pierre.
61. Vous faites vos exercices de grammaire.
62. Marlène est bonne en français.
63. Tu prends un café au lait.
64. Ils dansent avec Marie.
65. Les filles arrivent à la gare.
66. On va au musée.
67. Madame Legrand achète les baguettes à la boulangerie.
68. La boum est super.
69. Il va à la maison parce qu'il est malade.
70. Les sandwichs sont pour les enfants.
71. Il est neuf heures.
72. Nous parlons de nos vacances.
73. Ils achètent des fleurs pour maman.
74. Elle lit le livre parce que c'est intéressant.
75. Son pullover est bleu.
76. Nous chantons une chanson de Brel.
77. Il est à la gare.
78. Elle arrive à onze heures.
79. Elle a 43 ans.
80. Pierre crie parce qu'il est furieux.
81. Elle va très bien.
82. Marc pleure parce qu'il a mal à la tête.
83. Elles parlent de leurs amis.

DIRE / ÉCRIRE / METTRE / BOIRE / VENDRE / PRENDRE

dire (*sagen*)

je	**dis**
tu	**dis**
il/elle/on	**dit**
nous	**disons**
vous	**dites**
ils/elles	**disent**

Dis!
Disons!
Dites!

écrire (*schreiben*)

j'	**écris**
tu	**écris**
il/elle/on	**écrit**
nous	**écrivons**
vous	**écrivez**
ils/elles	**écrivent**

Écris!
Écrivons!
Écrivez!

De même: (*ebenso:*)
décrire (*beschreiben*)

mettre (*stellen, legen, anziehen*)

je	**mets**
tu	**mets**
il/elle/on	**met**
nous	**mettons**
vous	**mettez**
ils/elles	**mettent**

Mets!
Mettons!
Mettez!

De même: (*ebenso:*)
permettre (*erlauben*)
promettre (*versprechen*)
remettre (*wieder hinstellen, wieder anziehen*)

boire (*trinken*)

je	**bois**
tu	**bois**
il/elle/on	**boit**
nous	**buvons**
vous	**buvez**
ils/elles	**boivent**

Bois!
Buvons!
Buvez!

vendre (*verkaufen*)

je	**vends**
tu	**vends**
il/elle/on	**vend**
nous	**vendons**
vous	**vendez**
ils/elles	**vendent**

Vends!
Vendons!
Vendez!

De même: (*ebenso:*)
rendre (*wiedergeben, herausgeben*)

attendre (*warten*)
entendre (*hören*)
répondre (*antworten*)

prendre (*nehmen*)

je	**prends**
tu	**prends**
il/elle/on	**prend**
nous	**prenons**
vous	**prenez**
ils/elles	**prennent**

Prends!
Prenons!
Prenez!

De même: (*ebenso:*)
comprendre (*verstehen*)
apprendre (*lernen, erfahren*)
surprendre (*überraschen*)
reprendre (*zurücknehmen*)

ALLER / MANGER / LEVER / PRÉFÉRER / LIRE / VENIR

aller *(gehen)*

je	**vais**
tu	**vas**
il/elle/on	**va**
nous	**allons**
vous	**allez**
ils/elles	**vont**

Va!
Allons!
Allez!

manger *(essen)*

je	mange
tu	manges
il/elle/on	mange
nous	man**ge**ons
vous	mangez
ils/elles	mangent

Mange!
Man**ge**ons!
Mangez!

De même: *(ebenso:)*
échanger *(austauschen)*
ranger *(aufräumen)*
déranger *(stören)*
corriger *(verbessern)*
partager *(teilen)*
nager *(schwimmen)*

lever *(heben, hochheben)*

je	l**è**ve
tu	l**è**ves
il/elle/on	l**è**ve
nous	levons
vous	levez
ils/elles	l**è**vent

L**è**ve!
Levons!
Levez!

De même: *(ebenso:)*
peser *(abwiegen)*
acheter *(kaufen)*

préférer *(vorziehen)*

je	préf**è**re
tu	préf**è**res
il/elle/on	préf**è**re
nous	préférons
vous	préférez
ils/elles	préf**è**rent

Imperativ ungebräuchlich

lire *(lesen)*

je	**lis**
tu	**lis**
il/elle/on	**lit**
nous	**lisons**
vous	**lisez**
ils/elles	**lisent**

Lis!
Lisons!
Lisez!

venir *(kommen)*

je	**viens**
tu	**viens**
il/elle/on	**vient**
nous	**venons**
vous	**venez**
ils/elles	**vien**nent

Viens!
Venons!
Venez!

De même: *(ebenso:)*
devenir *(werden)*
revenir *(zurückkommen, wiederkommen)*
prévenir *(benachrichtigen, warnen)*
tenir *(halten)*

POUVOIR / VOULOIR / SAVOIR / VOIR / DEVOIR / APPELER

pouvoir (können)

je	**peux**
tu	**peux**
il/elle/on	**peut**
nous	**pouvons**
vous	**pouvez**
ils/elles	**peuvent**

Imperativ ungebräuchlich

Merke:
je/tu *pourrais*
ich könnte/
du könntest
(Höflichkeitsform)

vouloir (wollen)

je	**veux**
tu	**veux**
il/elle/on	**veut**
nous	**voulons**
vous	**voulez**
ils/elles	**veulent**

Imperativ ungebräuchlich

Merke:
je/tu *voudrais*
ich möchte/
du möchtest
(Höflichkeitsform)

savoir (wissen)

je	**sais**
tu	**sais**
il/elle/on	**sait**
nous	**savons**
vous	**savez**
ils/elles	**savent**

Sache!
Sachons!
Sachez!

voir (sehen)

je	**vois**
tu	**vois**
il/elle/on	**voit**
nous	**voyons**
vous	**voyez**
ils/elles	**voient**

Vois!
Voyons!
Voyez!

devoir (müssen)

je	**dois**
tu	**dois**
il/elle/on	**doit**
nous	**devons**
vous	**devez**
ils/elles	**doivent**

Imperativ ungebräuchlich

appeler (rufen)

j'	**appelle**
tu	**appelles**
il/elle/on	**appelle**
nous	**appelons**
vous	**appelez**
ils/elles	**appellent**

Appelle!
Appelons!
Appelez!

METS LES VERBES CORRECTS

1. Tu .... (devoir) écrire à Bertrand.
2. Vous .... (écouter) souvent la radio?
3. Nous .... (aller) à la piscine avec Ludovic.
4. Vous .... (venir) à la fête?
5. Où est-ce que tu .... (aller) manger?
6. On .... (avoir) seulement peu de temps.
7. Je .... (prendre) le plat du jour.
8. La marchande .... (peser) les pommes de terre.
9. Nous .... (préférer) le vin blanc.
10. Il .... (acheter) des fruits au marché.
11. Il .... (manger) un pain au chocolat.
12. J' .... (échanger) mes timbres contre tes pierres.
13. Paul .... (venir) chez moi.
14. Il .... (lire) un livre au lit.
15. Nous .... (prendre) notre goûter.
16. Ils .... (venir) dimanche.
17. Il y .... (avoir) une fête chez Robert. Vous .... (venir) aussi?
18. Les filles .... (ranger) leurs chambres.
19. Elles .... (dire) au revoir.
20. Vous .... (savoir) la réponse.
21. Les garçons .... (mettre) le couvert.
22. Est-ce que vous .... (pouvoir) venir à cinq heures?
23. Nous .... (appeler) nos amis.
24. Les filles .... (prendre) deux cafés.
25. Elle .... (préférer) le thé au café.
26. Nous .... (lire) la lettre de Philippe.
27. Il .... (devoir) faire les courses avec papa.
28. Le garçon .... (vendre) son vélo.
29. Vous .... (devoir) venir samedi.
30. Nos parents .... (savoir) la vérité.
31. Nous .... (manger) des hamburgers.
32. Elle .... (appeler) son petit frère.
33. Pilou .... (voir) bien.
34. Nos amis .... (pouvoir) venir à dix heures.
35. Tu .... (vouloir) venir aussi? - Oui, je .... (vouloir) bien.
36. Je .... (mettre) mon manteau.
37. Il .... (savoir) ton nom.
38. Nous .... (préférer) les tomates.
39. Pierre .... (dire) bonjour.
40. Il .... (lire) le livre 'Le petit Nicolas'.
41. Elles .... (aller) au cinéma ensemble.

42. Michelle .... (venir) chez Marie-Claire.
43. Pour .... (acheter) des bonbons je .... (aller) à la confiserie.
44. Tu .... (aller) bien, Maurice? –Oui, je .... (aller) très bien, merci.
45. On .... (préparer) les étalages de Pâques.
46. Les clients .... (faire) la queue à la caisse.
47. Merci, c' .... (être) tout.
48. Tu .... (pouvoir) faire une omelette?
49. Nous .... (avoir) faim.
50. Les pommes .... (peser) deux kilos.
51. Vous .... (avoir) soif?
52. Les filles .... (faire) les courses pour maman.
53. Où est-ce que tu .... (aller)?
54. Louis et Fernand .... (dire) bonjour.
55. Ils .... (s'appeler) Pilou et Paul.
56. Maman .... (lire) un livre intéressant.
57. Nous .... (prendre) un café.
58. Monsieur Dubois .... (vendre) des fleurs.
59. L'enfant .... (dire) merci à Madame Delmont.
60. Vous .... (manger) les pommes tout de suite?
61. Philippe .... (avoir) un frère et une sœur.
62. Je .... (savoir) ce qu'il .... (faire) maintenant.
63. La marchande .... (rendre) 5 euros à Monsieur Lefèvre.
64. Il y .... (avoir) un ver dans sa pomme.
65. Je .... (vouloir) deux kilos de pommes, s'il vous plaît.
66. Nous .... (prendre) une tasse de café.
67. Où est-ce qu'ils .... (aller)?
68. Nous .... (vendre) notre voiture.
69. Vous .... (savoir) où .... (se trouver) la gare?
70. Ça .... (faire) vingt euros, Madame.
71. Ils .... (venir) tout de suite.
72. Tu .... (pouvoir) prendre le métro.
73. Elles .... (savoir) les réponses
74. Au marché tu .... (acheter) des œufs et des fruits.
75. Tu .... (acheter) aussi une bouteille de vin?
76. Après il .... (aller) au bureau de tabac.
77. Vous .... (peser) les pommes de terre, s'il vous plaît?
78. Vous .... (vendre) aussi des aubergines?
79. Ils .... (pouvoir) prendre le train ou le métro.
80. Vous .... (prendre) encore un café?
81. Nous .... (s'appeler) Toussaint.
82. Vous .... (devoir) ranger vos chambres maintenant.

FONT / VONT / ONT / SONT

1. Les enfants .... à la maison. Ils .... leurs devoirs.
2. Marie et Claire .... voir leur grand-mère.
3. Où .... Gaston et Claude?
4. Ils .... faim et soif.
5. Pilou et Isabelle .... une promenade avec leur chien.
6. Les Rochefort .... une grande maison.
7. Les filles .... à l'école.
8. Maman et grand-mère .... en ville.
9. Pour leur boum ils .... un gâteau et des sandwiches.
10. Les garçons .... à la piscine le week-end.
11. Les élèves .... une fête chez Bertrand.
12. Elles .... au cinéma avec Pascal et Dominique.
13. Mes grands-parents .... très bien.
14. Les enfants .... la queue à la caisse.
15. Ils .... peur.
16. Claire et Simone .... aussi un petit frère.
17. Mes parents .... à Paris maintenant.
18. Où est-ce qu'ils .... ?
19. Ils .... à la boulangerie pour acheter des croissants.
20. Ils .... un problème avec leur fils.
21. Les garçons .... leurs lits.
22. Les enfants .... une chatte et un chien.
23. Les Musset .... une Mercedes.
24. Les Duhamel .... un appartement à Paris.
25. Elles .... des amis italiens.
26. Les deux garçons .... les frères de Léon.
27. Elles .... faire les courses avec leur mère.
28. Fernand et Roger .... des copains sympa.
29. Thérèse et Marcelle .... grandes.
30. Les Troyat .... à la campagne avec leurs enfants.
31. Ils .... un étang dans leur jardin.
32. Elles .... les cousines d'Angélique.
33. Elles .... des correspondantes en Angleterre.
34. Les Boileau .... en Bretagne.
35. Maman, Lucien et David .... ma poupée!
36. Les élèves .... des exercices à faire.
37. Les deux filles .... toujours ensemble.
38. Ils .... leurs devoirs ensemble.
39. Pilou et Louis .... à la librairie.
40. Les filles .... des robes rouges pour danser.

47

L'IMPÉRATIF (*Befehlsform*)

Wir unterscheiden **drei Formen** der Befehlsform.

Bildung:

aus der **ersten Person Singular** (*bis auf einige Ausnahmen*)

je **regarde** → **Regarde**, Marie!   Schau, Maria!

aus der **ersten Person Plural**

nous **regardons** → **Regardons!**   Schauen wir!

aus der **zweiten Person Plural**

vous **regardez** → **Regardez!**   Schaut! Schauen Sie!

Exemples:

je **fais**	**Fais** tes devoirs!	Mach deine Hausübung!
nous **faisons**	**Faisons** nos devoirs!	Machen wir unsere Hausübung!
vous **faites**	**Faites** vos devoirs!	Macht eure / Machen Sie Ihre H.
je **mets**	**Mets** le couvert!	Deck den Tisch!
nous **mettons**	**Mettons** le couvert!	Decken wir den Tisch!
vous **mettez**	**Mettez** le couvert!	Deckt / Decken Sie den Tisch.
je **dis**	**Dis** bonjour!	Sag Grüß Gott!
nous **disons**	**Disons** la vérité!	Sagen wir die Wahrheit.
vous **dites**	**Dites** au revoir!	Sagt / Sagen Sie auf Wiedersehen!
je **prends**	**Prends** ton livre!	Nimm dein Buch!
nous **prenons**	**Prenons** un café!	Nehmen wir einen Kaffee!
vous **prenez**	**Prenez** un sandwich!	Nehmt / Nehmen Sie ein Sandwich!

Merke folgende Ausnahmen:

aller:	**Va!**	**Allons!**	**Allez!**
être:	**Sois!**	**Soyons!**	**Soyez!**
avoir:	**Aie!**	**Ayons!**	**Ayez!**

Va à la maison.   Geh nach Hause!
Aber: **Vas-y** vite   Geh schnell dorthin!
Sois sage!   Sei brav!
Ayez le courage de venir!   Habt / Haben Sie den Mut zu kommen!

METS L'IMPÉRATIF

1. .... (faire) tes devoirs maintenant!
2. .... (mettre) le couvert, Nadine et Paul!
3. .... (être) calmes!
4. .... (aller) à la maison, David!
5. .... (chercher) vos livres!
6. .... (dire) la vérité, les enfants!
7. .... (avoir) le courage de venir, les garçons!
8. .... (voir) ce qu'il y a là-bas!
9. .... (appeler) votre ami, Monsieur!
10. .... (aller) -y vite, Fabienne!
11. .... (faire) vos lits!
12. .... (regarder) la photo de Fabienne et Bertrand!
13. .... (venir), les amis!
14. .... (mettre) nos manteaux!
15. .... (faire) vos exercices de français!
16. .... (chercher) ton vélo!
17. .... (prendre) vos livres!
18. .... (savoir) la vérité!
19. .... (dire) au revoir, Jacques!
20. .... (aller) vite!
21. .... (appeler) ton frère!
22. .... (mettre) vos robes bleues!
23. .... (manger) ton sandwich!
24. .... (prendre) encore un sandwich, Madame!
25. .... (acheter) des pommes, maman!
26. .... (être) sages, les enfants!
27. .... (regarder), Monsieur Barnoud!
28. .... (prendre) ton chapeau!
29. .... (prendre) notre goûter.
30. .... (dire) bonjour!
31. .... (venir), Louise!
32. .... (chercher) nos parents!
33. .... (manger) votre gâteau!
34. .... (lire) la phrase, Denise!
35. .... (regarder), Pierre!
36. .... (être) sage, Pilou!
37. .... (prendre) un thé maintenant!
38. .... (lire) vos devoirs, s'il vous plaît!
39. .... (acheter) deux kilos de pommes.
40. .... (manger) ta pomme!

41. .... (décrire) votre maison!
42. .... (lire) vos livres!
43. .... (lever) les mains!
44. .... (aller) au cinéma!
45. .... (faire) ton lit!
46. .... (écrire) une lettre à tante Henriette!
47. .... (parler) de votre famille!
48. .... (attendre) un peu, Fernand!
49. .... (être) à la maison à onze heures, Dominique!
50. .... (chercher) la chatte, Valérie!
51. .... (venir) chez Pierre Alain!
52. .... (boire) un café avec nous, Sophie!
53. .... (acheter) une voiture bleue!
54. .... (regarder) la télé à huit heures!
55. .... (trouver) les réponses correctes!
56. .... (attendre), les filles!
57. .... (écrire) des dialogues!
58. .... (aller) à la piscine avec moi, Paul!
59. .... (écrire) votre nom!
60. .... (vendre) votre maison!
61. Maman, ... (acheter) des bonbons!
62. .... (venir) à six heures.
63. .... (parler) de ta ville!
64. .... (entendre), Louis!
65. .... (aller) à l'école! .... (aller) - y vite!
66. .... (boire) ton thé!
67. .... (manger) votre pain au chocolat!
68. .... (chercher) les enfants!
69. .... (vendre) les billets de loterie, Michel et Luc!
70. .... (jouer) au foot!
71. .... (attendre)!
72. .... (arriver) à l'heure, Christian!
73. .... (aller) à la fête de Cécile!
74. .... (boire) vos jus!
75. .... (entendre), les garçons!
76. .... (travailler) plus vite, Florence!
77. Ne .... (parler) pas si vite, Monsieur!
78. Ne .... (regarder) la vidéo!
79. Ne .... (rentrer) pas tard, Joseph!
80. .... (lire) la lettre de tante Cécile, Marie!
81. .... (prendre) le bus numéro 8!
82. .... (écouter), les enfants! Ça suffit!
83. .... (être) à l'heure, les filles!

L'ADJECTIF

Das Adjektiv wird **mit dem Substantiv**, auf das es sich bezieht, **übereingestimmt**.
Achtung: Bezieht es sich **zugleich auf männliche und weibliche Personen oder Dinge**, so verwenden wir die **männliche Form im Plural**.

1. Das Adjektiv besitzt **vier** verschiedene Formen.

Singular

		Plural	
Il est grand. (m)	*groß*	Ils sont grand**s**. (m)	
Elle est grande. (f)		Elles sont grande**s**. (f)	
Il est petit. (m)	*klein*	Ils sont petit**s**. (m)	
Elle est petite. (f)		Elles sont petite**s**. (f)	

De même *(ebenso)*:

âgé	*alt, betagt*	fatigant	*ermüdend, langweilig*
allemand	*deutsch*	fort	*stark*
américain	*amerikanisch*	gai	*fröhlich*
bleu	*blau*	indifférent	*gleichgültig*
blond	*blond*	intéressant	*interessant*
brun	*braun*	intelligent	*intelligent*
carré	*viereckig*	joli	*hübsch, nett*
coloré	*farbig*	mort	*gestorben*
content	*zufrieden*	noir	*schwarz*
court	*kurz*	préféré	*Lieblings-*
élégant	*elegant*	rond	*rund*
espagnol	*spanisch*	seul	*allein*
excellent	*hervorragend*	sourd	*taub*
fatigué	*müde*	vert	*grün*

2. Adjektive auf **-s** bilden die **männliche** Form im **Singular und Plural** gleich:

Singular

		Plural	
David est anglai**s**. (m)	*hier: Engländer*	Peter et Pat sont anglai**s**. (m)	
Elle est anglaise. (f)		Elles sont anglaises. (f)	

De même *(ebenso)*: français *französisch* gris *grau*

3. **In der weiblichen Form wird zusätzlich noch ein *h* eingeschoben.**

Singular

Le chat est blanc. (m) *weiß*
La chatte est blan**ch**e. (f)

Pierre est franc. (m) *freimütig, offen*
Nadine est fran**ch**e. (f)

Plural

Les chats sont blancs. (m)
Les chattes sont blan**ch**es. (f)

Ils sont francs. (m)
Elles sont fran**ch**es. (f)

4. **In der weiblichen Form wird zusätzlich noch der Konsonant verdoppelt.**

Singular

Il est gentil. (m)   *nett, lieb*
Elle est genti**ll**e. (f)

Plural

Ils sont gentils. (m)
Elles sont genti**ll**es. (f)

De même (*ebenso*):

autrichien	autrichie**nn**e	*österreichisch*
bon	bo**nn**e	*gut*
cruel	crue**ll**e	*grausam*
exceptionnel	exceptio**nn**elle	*außergewöhnlich*
gras*	gra**ss**e	*fett, fettig*
gros*	gro**ss**e	*dick, grob*
italien	italie**nn**e	*italienisch*
las*	la**ss**e	*müde, abgespannt*
mignon	migno**nn**e	*herzig, niedlich, süß*
mortel	morte**ll**e	*sterblich*
naturel	nature**ll**e	*natürlich*
nul	nu**ll**e	*schlecht, eine Niete sein*

* Diese Adjektive bilden die **männliche** Form im **Singular und Plural gleich.**

5. Die **weibliche Form** wird mit **Akzent** gebildet.

Singular   *Plural*

Mon cher ami. (m)   Mes chers amis. (m)
Ma chère amie. (f)   Mes chères amies. (f)

De même *(ebenso)*:

complet	**complète**	*komplett*
dernier	**dernière**	*letzter, letzte*
discret	**discrète**	*diskret*
fier	**fière**	*stolz*
inquiet	**inquiète**	*unruhig*
léger	**légère**	*leicht, flink, ungezwungen*
premier	**première**	*erster, erste*
secret	**secrète**	*geheim*

---

6. Manche Adjektive haben für **männlich und weiblich dieselbe Form**. Sie hängen an den Plural ein **s**.

Singular   *Plural*

Il est moderne. (m)   Ils sont modernes. (m)
Elle est moderne. (f)   Elles sont modernes. (f)

De même *(ebenso)*:

anonyme	*anonym*		libre	*frei*
beige	*beige*		malade	*krank*
belge	*belgisch*		mince	*schlank*
bizarre	*komisch, merkwürdig*		riche	*reich*
brave	*tapfer*		romantique	*romantisch*
calme	*ruhig*		rouge	*rot*
célibataire	*ledig*		sage	*klug, brav*
chouette	*toll, super, prima*		simple	*einfach*
difficile	*schwierig*		sympathique	*sympathisch*
drôle	*lustig, komisch*		tendre	*zärtlich*
extraordinaire	*außergewöhnlich*		terrible	*schrecklich, super*
jaune	*gelb*		tranquille	*ruhig*
jeune	*jung*		triste	*traurig*

7. Manche Adjektive haben für **männlich, weiblich** und vor einem **männlichen** Substantiv im Singular, das mit Vokal oder *h muet* beginnt, jeweils eine andere Form.

Singular *Plural*

le **vieux** pain (m) *alt* les **vieux** pains (m)

le **vieil** homme (m+h) les **vieux** hommes (m)
le **vieil** arbre (m+Vokal) les **vieux** arbres (m)

la **vieille** femme (f) les **vieilles** femmes (f)
la **vieille** amie (f) les **vieilles** amies (f)

le **beau** parc (m) *schön* les **beaux** parcs (m)

le **bel** homme (m+h) les **beaux** hommes (m)
le **bel** arbre (m+Vokal) les **beaux** arbres (m)

la **belle** fille (f) les **belles** filles (f)

De même *(ebenso)*:

nouveau (m) / nouvel (m+Vokal / h) nouveaux (m)
nouvelle (f) nouvelles (f)

8. Einige Adjektive sind **unveränderlich**.

kaki	chic	chic
lilas	super	super, toll
marron	extra	super, toll, außergewöhnlich
orange	sympa	sympathisch
	giga	super, toll, gewaltig

kaki *kaki*
lilas *lila*
marron *braun*
orange *orange*

Anmerkung:
Chic kann im Plural auch ein **s** haben.
Extra, sympa, giga sind Abkürzungen von **extraordinaire, sympathique** und **gigantesque** und werden **nicht** verändert.

54

FAIS L'ACCORD DES ADJECTIFS

1. Pierre est encore petit___.
2. Nous avons une grand___ voiture rouge___.
3. Madame Loiseau est très élégant___.
4. Angélique est petit___ et intelligent___.
5. Barbara et Pilou sont seul___ ce soir.
6. Ils sont sympathique___.
7. Le chien de Louis est grand___ et noir___.
8. Henriette est calme___.
9. Le concert est super___.
10. Nicole est toujours drôle___.
11. Les filles sont bon___ en gymnastique.
12. Où est l'assistante français___ ?
13. La vieil___ dame a 94 ans.
14. Ma chatte est blan___ et mon chien est blan___ et noir___.
15. Leurs chambres sont grand___ et très chouette___.
16. Ta voiture est super___.
17. Son appartement est grand___.
18. Ma chambre est grand___ et bel___.
19. Lucienne et Marlène sont intelligent___.
20. Ta robe bleu___ est joli___.
21. Nicole est seul___.
22. Ma chatte est petit___.
23. Les filles sont drôle___.
24. Ils sont sympa___.
25. Ta chambre est chouette___.
26. Catherine est bon___ en français.
27. Leur maison est grand___ et moderne___.
28. David est nul___ en allemand.
29. Alain est brun___. Sa sœur est brun___ aussi.
30. Les crêpes sont formidable___.
31. Sophie est petit___, blond___ et drôle___.
32. Le goûter est bon___.
33. Les ruines sont intéressant___.
34. Voilà ma correspondante allemand___. Elle est sympa___.
35. Son amie est intelligent___ et très calme___.
36. Fernand et Nadine sont nul___ en italien.
37. Mon travail est intéressant___.
38. Nicole et Nathalie sont bon___ en maths.
39. Les fêtes de Pierre sont toujours giga___.
40. Tes gâteaux sont extra___.

41. Tes photos sont bon___.
42. Ma correspondante autrichien___ est sympa___.
43. Tu es seul___ ce soir, Nathalie?
44. Tes photos sont très intéressant___, Pilou.
45. Madame Ledoux est âgé___ et un peu sourd___.
46. Pierre est nul___ en gymnastique, mais il est bon___ en français.
47. La chatte de Françoise est noir___ et très gros___.
48. Regarde, Sylvie est mignon___!
49. Voilà mes cher___ amis Louis et Fernand!
50. La crème est trop gras___.
51. Ma nouv___ robe est kaki___ et marron___.
52. Nadine est très chic___ avec son chapeau.
53. Ma fleur préféré___ est la rose.
54. Ta robe est un peu court___.
55. Il aime Nicole, parce qu'elle est charmant___ et franc___.
56. Fabienne et Marie, vous êtes content___?
57. Les petit___ filles sont fatigué___.
58. Elle est toujours cruel___ avec son ami!
59. Lucienne est une bon___ élève.
60. Sophie est brun___ et toujours gai___.
61. Mets ton manteau vert___, Véronique!
62. Les cahiers sont orange___.
63. Je préfère la robe et le manteau vert___.
64. Son amie est mignon___ et exceptionnel___.
65. J'achète deux livres intéressant___.
66. Louis et Bertrand sont fort___.
67. Mes amis espagnol___ arrivent à la gare avec deux lourd___ valises.
68. Ma correspondante italien___ est fatigué___ après le voyage.
69. Ta robe blanc___ est très chic___.
70. Françoise est toujours calme___ et très gentil___.
71. Madame Leclerc est déjà mort___.
72. Maman et tante Henriette sont fatigué___ aujourd'hui.
73. J'aime ta jupe gris___. Elle va bien avec ton pull-over jaune___.
74. Marie-Claire est encore célibataire___.
75. Jérôme cherche une amie romantique___, tendre___, mince___ et sage___.
76. La boum est terrible___! – Oui, vraiment giga___.
77. Vous êtes triste___, les filles?
78. Ils ont une maison moderne___ et vraiment exceptionnel___.
79. Claudine met sa robe beige___. Valérie la marron___.
80. La fête est extra___ avec toutes les filles sympa___.
81. Mes parents sont encore malade___.
82. Madame Sagan est riche___.
83. Louise et Marlène sont libre___ ce soir.

METS LES ADJECTIFS CORRECTS

1. Monsieur Ledoux est un .... (alt) ami de mon père.
2. Tes photos sont .... (schön), Pilou.
3. Ils ont une .... (neu) maison.
4. Marcel et Nicole sont les .... (letzten) qui arrivent.
5. Paul a un .... (schön) appétit.
6. Voilà mes .... (lieb) amies Françoise et Nadine.
7. Mes amies sont .... (diskret).
8. Madame Pascale a une .... (alt) maison dans un .... (groß) parc.
9. Nous sommes dans une .... (alt) ville .... (interessant).
10. Elle met sa robe .... (lila).
11. La mer est .... (schön).
12. Regarde le .... (alt) arbre et les .... (schön) fleurs.
13. Madame Legrand est une .... (alt) amie de notre famille.
14. Les Dubois sont les .... (ersten) à venir.
15. Sa .... (neu) jupe est .... (lila) et .... (orange).
16. Écoute la .... (schön) musique.
17. Maman est un peu .... (unruhig).
18. Ah! Pierre, mon .... (alt)!
19. C'est un .... et .... (alt und schön) poème.
20. Maman est .... (stolz) de ses enfants.
21. Madame Dugarry est une .... (schön) femme.
22. Les enfants sont .... (unruhig).
23. Nadine est .... (schlecht) en allemand.
24. C'est un .... (schön) match de foot.
25. Dans la .... (alt) maison il y a une pièce .... (geheim).
26. Tu regardes le .... (neu) film de Spielberg?
27. La viande est trop .... (fett) pour moi.
28. Les filles sont .... (beunruhigt) de leurs notes en italien.
29. Elle aime la neige .... (weiß).
30. Madame Lafontan invite ses .... (alt) amies à dîner.
31. L'enquête des élèves est .... (vollständig).
32. .... (gut) voyage!
33. Grand-père aime le bouillon .... (fett).
34. Fabienne est toujours la .... (erste) à aider.
35. Marie est la .... (letzte) à arriver.
36. Il regarde les photos des .... (schön) parcs de la ville avec ses .... (alt) arbres.

LA NÉGATION

Die französische Verneinung besteht aus **zwei** Teilen: $\boxed{\textbf{ne} + \text{Verb} + \textbf{pas}}$

Ne wird **vor Vokal** apostrophiert. (n')

Je	**ne**	fume	**pas.**	Ich rauche nicht.
Il	**ne**	travaille	**pas**	Er arbeitet nicht auf der Post.
Ils	**ne**	chantent	**pas.**	Sie singen nicht.
Ils	**ne**	trouvent	**pas**	Sie finden ihre Bücher nicht.
Il	**ne**	peut	**pas**	Er kann nicht kommen.
Ce	**n'**	est	**pas**	Das ist nicht interessant.
Je	**ne**	sais	**pas.**	Ich weiß (es) nicht.
Elle	**ne**	vient	**pas.**	Sie kommt nicht.
Nous	**n'**	avons	**pas**	Wir haben keinen Hunger.
Tu	**n'**	as	**pas**	Du hast keinen Durst, nicht wahr?
Elle	**ne**	boit	**pas**	Sie trinkt nicht viel.
Il	**n'**	y a	**pas**	Es gibt keinen Käse.
Je	**ne**	m'appelle	**pas**	Ich heiße nicht David.
Tu	**ne**	t'appelles	**pas**	Du heißt nicht Peter.
Elle	**ne**	s'appelle	**pas**	Sie heißt nicht Nicole.
Nous	**ne**	nous appelons	**pas**	Wir heißen nicht T.
Vous	**ne**	vous appelez	**pas**	Sie heißen / Ihr heißt nicht Bazin.

Weitere Verneinungen:

Pierre	**ne**	fume	**plus.**	nicht mehr
Elle	**ne**	fume	**guère.**	kaum
Il	**ne**	pleure	**jamais.**	nie (mals)
Papa	**ne**	fume **que** la pipe.		nur
Il	**n'**est **que** neuf heures.			erst
Elle	**n'**achète **rien.**			nichts
Il	**n'**y a **personne.**			niemand
	(Es ist niemand da.)			
Je	**ne** vois **personne.**			niemanden

KEIN, KEINE = NE ... PAS DE

Maman **n'**achète **pas de** fromage.　　　*Mutti kauft keinen Käse.*
Elle **ne** boit **pas de** vin.　　　*Sie trinkt keinen Wein.*
Nous **ne** voulons **pas d'**eau minérale.　　　*Wir mögen kein Mineralwasser.*
Elle **ne** veut **pas d'**artichauts.　　　*Sie mag keine Artischocken.*
Il **ne** prend **pas de** croissants.　　　*Er nimmt keine Croissants.*
Elle **ne** mange **pas de** pommes.　　　*Sie isst keine Äpfel.*
Il **ne** fait **pas de** devoirs.　　　*Er macht keine Hausübungen.*

ACHTUNG:
Bei **être** bleibt in der **Verneinung** der <u>unbestimmte</u> Artikel!

C'est un cadeau pour moi?　　　-　　　Non, ce **n'est pas <u>un</u>** cadeau pour toi.
C'est un livre de français?　　　-　　　Non, ce **n'est pas <u>un</u>** livre de français.
C'est une chatte?　　　-　　　Non, ce **n'est pas <u>une</u>** chatte.
C'est une tartine?　　　-　　　Non, ce **n'est pas <u>une</u>** tartine.
Ce **sont** des livres?　　　-　　　Non, ce **ne sont pas <u>des</u>** livres.
Ce **sont** des croissants?　　　-　　　Non, ce **ne sont pas <u>des</u>** croissants.

FORME DES PHRASES NÉGATIVES

1. Les enfants aiment aller au zoo.
2. Ils regardent un film français.
3. Il vient à trois heures?
4. Nous mangeons des croissants.
5. Les filles doivent ranger leurs chambres.
6. Il peut venir à six heures.
7. Monsieur Falot a quarante ans.
8. Madame Dubois est Française.
9. Nous habitons à Paris.
10. Les garçons mettent le couvert.
11. C'est un sandwich au fromage.
12. Je prends un pain au chocolat.
13. Elle va à la piscine.
14. Les Legrand vont à la mer.
15. Sur le lit il y a un livre.
16. Il boit une eau minérale.
17. Elle boit l'eau minérale de son enfant.
18. Je prends des pommes, des poires, une carotte et un citron.
19. Ce sont des artichauts.
20. C'est la mère de Pilou.
21. Vous pesez les pommes?
22. Il y a des enfants dans le parc.
23. Nous buvons un thé maintenant.
24. Ils vont au restaurant.
25. C'est le CD d'Yves Montant.
26. Il sait la vérité.
27. Monsieur Sagan travaille en France.
28. C'est un cadeau pour Philippe.
29. Il peut venir dimanche?
30. Michelle est blonde.
31. C'est une chatte?
32. Ils regardent la cathédrale.
33. Il y a un croissant sur la table de cuisine.
34. Elle mange un sandwich.
35. Elle mange le sandwich de Pierre.
36. Je mets ma jupe rouge.
37. Il arrive tard.
38. Il y a des amies de Fabienne dans le jardin.
39. Nous écrivons une lettre.
40. J'ai un ami.

METS LA NÉGATION QUI CONVIENT

1. Papa .... fume .... (kaum).
2. Nous .... voyons .... (niemanden).
3. Monsieur Duhamel .... travaille .... (nicht) au bureau de tabac.
4. Elle .... aime .... (nur) Pierre.
5. Maman .... achète .... (nicht viel).
6. Il .... est .... (erst) trois heures.
7. Elle .... aime .... (niemanden).
8. Denis .... mange .... (nie) de beurre.
9. Maman .... achète .... (nichts) en ville.
10. Francis .... boit .... (kaum) de bière.
11. Ils .... arrivent .... (erst) lundi.
12. Pilou .... aime .... (nur) jouer aux cartes.
13. Il y a .... (niemand) dans le jardin.
14. Elle .... travaille .... (nicht mehr) à la poste.
15. Il .... mange .... (kaum) de pains au chocolat.
16. Nous .... achetons .... (niemals) de cigarettes.
17. Mon livre .... est .... (nicht mehr) intéressant.
18. Henri .... fait .... (nichts). Il .... travaille .... (kaum).
19. Il y a .... (keine) de tomates à la maison.
20. Tu .... as .... (keinen) faim, ... est-ce .... (nicht wahr)?
21. Grand-père .... fume .... (nur) la pipe.
22. Il .... fait .... (nie) ses devoirs.
23. Marlène .... mange .... (nicht viel).
24. Elle .... aime .... (nicht) les fêtes.
25. Il .... vient .... (nicht mehr). Il est trop tard.
26. Elle .... parle .... (kaum) avec nous.
27. Nous .... achetons .... (nur) des fruits.
28. François .... boit .... (nie) d'alcool.
29. Les enfants .... sont .... (nicht) à la piscine.
30. Il .... travaille .... (nicht mehr) à la boulangerie.
31. Il .... joue .... (nur) au foot.
32. Elle .... parle .... (nur) l'anglais.
33. Ils .... disent .... (nichts).
34. Il .... veut .... (nicht mehr) venir.
35. Elle .... aime .... (nur) le jazz.
36. Les enfants .... ont .... (nicht viele) de timbres.
37. Je .... ai .... (nicht) soif.
38. Elle .... habite .... (nicht mehr) à Lille.
39. Papa .... boit .... (nicht viel).
40. Claudine .... boit .... (nie) de café.

AIMER, AIMER MIEUX, PRÉFÉRER, ADORER
gern haben, lieber haben, vorziehen, schwärmen (anbeten)

1. **Aimer, aimer mieux, préférer, adorer** haben den **bestimmten** Artikel + Substantiv nach sich.
   Im Deutschen steht nach diesen Verben **meist kein** Artikel.

Pierre *aime* le foot.	Peter mag Fußball.
Nadine *préfère* la musique classique.	Nadine zieht klassische Musik vor.
J'*aime bien* le tennis.	Ich mag Tennis gerne.
Elle n'*aime* pas les hamburgers.	Sie mag Hamburger nicht.
Nicole *aime mieux* les chats.	Nicole mag Katzen lieber.
Il *préfère* le vin à la bière.	Er zieht Wein dem Bier vor.
Elle *préfère* le train à la voiture.	Sie isst / trinkt lieber Wein als Bier.
Il *préfère* les biscottes aux biscuits.	Sie zieht den Zug dem Auto vor.
Elle *préfère* le thé au café.	Sie fährt lieber Zug als Auto.
Marie *adore* les pains au chocolat.	Er zieht Zwieback den Keksen vor.
	Sie zieht Tee dem Kaffee vor.
	Marie schwärmt für Schokocroissants.

2. Diese Verben können auch die **déterminants possessifs** nach sich haben.

Pilou *préfère* sa voiture.	Pilou zieht sein Auto vor.
Fabienne *aime mieux* son chien.	Fabienne hat ihren Hund lieber.
Il *aime bien* ses amis.	Er mag seine Freunde gerne.
Elle *adore* ses enfants.	Sie betet ihre Kinder an.

3. Diese Verben können auch den **Infinitiv** nach sich haben.

Marc *aime* faire du ski.	Markus fährt gerne Schi.
Nous *aimons* lire.	Wir lesen gerne.
Elle *aime mieux* aller au restaurant.	Sie geht lieber ins Restaurant.
Il *aime mieux* travailler que jouer.	Er arbeitet lieber als zu spielen.
Ils *préfèrent* habiter en ville.	Sie ziehen es vor in der Stadt zu wohnen.
Il *adore* regarder la télé.	Er sieht fürs sein Leben gern fern.
Elles *adorent* aller en France.	Sie fahren für ihr Leben gerne nach F.

À TRADUIRE

1. Er zieht Bücher vor.
2. Wir mögen unsere Wohnung lieber.
3. Magst du Rockmusik?
4. Sie zieht Mineralwasser dem Fruchtsaft vor.
5. Er zieht Kaffee vor.
6. Sie fährt lieber Rad als Auto.
7. Zieht ihr Bücher vor?
8. Ich mag Hunde nicht.
9. Sie mag Volleyball lieber.
10. Wir ziehen das Land vor. Florence zieht die Stadt vor.
11. Sie ziehen das Land der Stadt vor.
12. Ich ziehe Tee vor.
13. Sie hat Kinder gern.
14. Er zieht Hausbrot vor.
15. Herr Legrand himmelt seine Frau an.
16. Wir bleiben für unser Leben gern in Österreich.
17. Er zieht Bier dem Fruchtsaft vor.
18. Sie mag ihre Freundinnen gerne.
19. Wir gehen lieber ins Kino.
20. Wir fahren für unser Leben gern nach Italien.
21. Sie zieht Hausbrot dem Landbrot vor.
22. Er fährt lieber Auto.
23. Er mag gerne Milchkaffee.
24. Mag er schwarzen Kaffee?
25. Nicole schwärmt für ihren Vater.
26. Sie zieht Birnen Äpfeln vor.
27. Sie spielt lieber Tischtennis.
28. Sie ziehen es vor, auf dem Land zu leben.
29. Er schwärmt für klassische Musik.
30. Sie liebt ihre Eltern.
31. Sie mag Katzen nicht.
32. Magst du Äpfel lieber?
33. Er isst für sein Leben gerne Éclairs.
34. Er liebt den Sport.
35. Er liebt es, Sport zu betreiben.
36. Wir spielen gerne Volleyball.
37. Er spielt lieber als zu arbeiten.
38. Sie isst Erdbeeren mit Schlag für ihr Leben gern.
39. Er spielt lieber Tennis.
40. Marie zieht Jazzmusik vor.

DE, D' ou UN, UNE, DES ou LE, LA, LES

1. Papa n'achète pas .... pommes de terre.
2. Il préfère .... biscuits aux biscottes.
3. Non, merci. Nous ne buvons jamais .... bière.
4. Non, ce n'est pas .... film pour vous.
5. Elle ne fume jamais .... cigarettes.
6. Il ne fume que .... pipe.
7. Nous ne mangeons pas .... hamburgers.
8. Elle ne prend pas .... eau minérale, elle préfère .... thé.
9. Ce sont .... cartes postales.
10. J'aime bien .... ping-pong.
11. Il n'achète guère .... légumes.
12. Elle ne veut pas .... oranges.
13. Claudine ne prend jamais .... café.
14. Ce sont .... citrons sur la table? - Non, ce ne sont pas .... citrons.
15. Il n'y a pas .... bière à la maison.
16. Il ne mange jamais .... légumes.
17. Je ne prends pas .... eau minérale maintenant.
18. Ce n'est pas .... livre pour nous.
19. Nicolas n'aime pas .... café, il aime mieux .... lait.
20. Nous n'avons plus .... problèmes.
21. Il n'y a pas .... piscine dans notre ville.
22. Il n'écrit jamais .... lettres.
23. Elle ne lit pas .... livres.
24. Elle n'achète pas .... pommes.
25. Ce ne sont pas .... pommes.
26. Je n'ai pas .... films français.
27. Sophie n'aime pas .... chiens.
28. Il n'y a plus .... fromage à la maison.
29. Pilou ne veut pas .... glace, il préfère .... crème au chocolat.
30. Je ne mange pas .... gâteau.
31. Nos amis n'ont pas .... voiture.
32. Elle ne prend pas .... biscuits, elle aime mieux .... biscottes.
33. Mon père n'achète pas .... billets de loterie.
34. Elles ne prennent pas .... glace.
35. Nous ne voulons pas .... whisky.
36. Elle n'achète jamais .... vin rouge. Elle préfère .... vin blanc.
37. Ce n'est pas .... chat, c'est .... chatte.
38. Elle n'a .... bonbons.
39. Il n'y a pas .... enfants dans le parc.
40. Elle ne boit jamais .... gin.

LA NÉGATION SANS VERBE

Fehlt im Satz das **Zeitwort**, darf bei **Kurzantworten** kein **NE** stehen.

Verneinung erfolgt durch:

| non, non pas, pas |
| jamais |
| rien |
| personne … allein. |

Tu viens?

Tu vas au café avec nous?   **Non**, Monsieur / Madame / Pierre.
(*Anmerkung: Antworten mit **Oui**, **Non** werden immer mit **Madame**, **Monsieur** oder dem Namen verbunden, sonst ist man unhöflich.*)

Qui va en ville?   Pourquoi **pas**? (*Warum nicht?*)
Tu aimes Pilou?   **Pas** moi. (*Ich nicht.*)
Il ne vient pas, et toi, Nicole?   **Jamais** de la vie! (*Niemals im Leben!*)
Tu veux faire tes devoirs?   Moi **non plus**. (*Ich auch nicht.*)
Vous avez peur?   **Pas** du tout. (*Überhaupt nicht.*)
Vous voyez quelque chose?   **Pas** du tout. (*Überhaupt nicht.*)
Qui est là?   **Rien**. (*Nichts.*)
Elle travaille?   **Personne**. (*Niemand.*)
    Pas assez. (*Nicht genug.*)
Tu achètes la robe rouge?   **Pas** la rouge. (*Nicht das Rote.*)
On achète **des** tomates?   **Pas *de*** tomates. (*Keine Tomaten.*)

Nous allons au restaurant?   Moi **non**. (*Ich nicht.*)
    Pas moi.
    Moi **pas**. (*gesprochene Sprache*)

Je m'appelle Nadine,   et **non** Nicole. (*… und nicht Nicole.*)
    et **pas** Nicole.
    et **non pas** Nicole.

Tu ne viens pas?   Mais **si**, Madame.
(*Auf veneinte Frage folgt **si** statt oui!*)

Achtung: Nach Verben des **Sagens, Denkens, Hoffens, Wünschens, Glaubens, Meinens** muss **QUE** vor **oui** / **non** treten.

Tu viens?   Je pense/crois **que** non. (*Ich denke/glaube nicht.*)
Il vient?   Il dit **que** non. (*Er sagt nicht / nein.*)
    Il dit **que** oui. (*Er sagt ja. / Er sagt so.*)

À COMPLÉTER

1. Tu arrives? – .... (Nein.)
2. Qui va à la gare? – .... (Ich nicht.)
3. Tu vas au restaurant avec nous? – .... (Warum nicht?)
4. Tu aimes le jazz? – .... (Niemals im Leben!)
5. Pierre ne va pas à la fête, et toi? – .... (Ich auch nicht.)
6. Tu veux aller en ville? – .... (Überhaupt nicht.)
7. Vous avez faim? – .... (Überhaupt nicht.)
8. Qui est à la porte? – .... (Niemand.)
9. Elle travaille beaucoup? – .... (Nicht genug.)
10. Vous allez au bar? – .... (Ich nicht.)
11. Tu achètes des oranges? – .... (Keine Orangen.)
12. Vous achetez quelque chose? – .... (Nichts.)
13. Tu t'appelles Claire? – .... (Nein.)
14. Il ne vient pas? – .... (Aber ja doch.)
15. Il peut venir? – .... (Überhaupt nicht.)
16. Elle est malade? – .... (Überhaupt nicht.)
17. La robe est jolie? – .... (Ich finde schon.)
18. Je parle trop vite? – .... (Überhaupt nicht.)
19. Il dit la vérité? – .... (Er sagt ja.)
20. Tu sais comment faire? – .... (Ich denke schon.)
21. Il va à la buvette? – .... (Niemals im Leben!)
22. Ils achètent la voiture blanche? – .... (Nicht das Weiße.)
23. Je n'aime pas regarder les photos. – .... (Ich auch nicht.)
24. Il arrive déjà? – .... (Ich denke nicht.)
25. Ils viennent dimanche? – .... (Sie sagen nein.)
26. Qu'est-ce que tu écoutes, un CD? – .... (Nichts.)
27. Vous avez soif? – .... (Überhaupt nicht.)
28. Tu vois quelqu'un? – .... (Niemanden.)
29. On achète des pommes? – .... (Keine Äpfel.)
30. Elle prend des vitamines? – .... (Nicht genug.)
31. Tu viens chez nous? – .... (Heute nicht.)
32. Elle aime Pierre et .... (nicht) Pilou.
33. Elle travaille? – .... (Nicht viel.)
34. Tu trouves le livre intéressant? – .... (Aber ja doch, danke.)
35. Vous ne mangez pas? – .... (Ich finde schon.)
36. Qui mange les croissants? – .... (Niemand.)
37. Il aime les poires? – .... (Birnen nicht.)
38. La robe est trop petite? – .... (Ich finde nicht.)
39. Moi, je n'aime pas le jazz. – .... (Sie auch nicht.)
40. Il s'appelle Leroc et .... (nicht) Legrand.

OUI / SI / NON

1. Tu n'écoutes pas? - Mais ……………, Denise.
2. Les garçons sont bons en français? - ……………, ils sont formidables.
3. Tu ne prends pas ton chapeau? - ……………, je ne le prends pas.
4. Vous n'aidez pas les enfants? - Mais ……………, nous les aidons.
5. Tu n'aimes pas les poires? - ……………, je les aime beaucoup.
6. Il arrive à trois heures? - ……………, il arrive à trois heures.
7. Tu ne vas pas à la piscine? - Mais ……………, je vais à la piscine.
8. Nadine est bonne en gymnastique? - ……………, elle est super.
9. Pierre ne vient pas au ciné avec nous? - ……………, il vient avec nous.
10. Tu la trouves chouette? - ……………, je la trouve très chouette.
11. Vous ne voyez personne? - ……………, je vois Pierre avec Julie.
12. Elle travaille à la gare? - ……………, elle travaille à la poste.
13. Tu aimes les roses? - ……………, je les aime beaucoup.
14. Tu penses que Richard est en retard? - Je pense que ……………, il ne l'aime plus.
15. Louise et Francine ne sont pas bonnes en maths? - ……………, pas du tout.
16. Ils ne font pas leurs exercices? - Mais ……………, ils font leurs exercices.
17. Henriette aime Pierre? - ……………, elle ne l'aime plus.
18. Vous n'achetez rien? - ……………, on achète des pains au chocolat.
19. Elles disent la vérité? - Je pense que ……………, elle invite Paul.
20. Vous ne mangez pas vos sandwiches? - ……………, nous les mangeons.
21. Vous ne mangez pas vos tartines? - ……………, merci, pas maintenant.
22. Tu t'appelles Barbara? - ……………, je m'appelle Barbara.
23. Tu n'aimes pas regarder mes photos? - ……………, pas maintenant.
24. Fabienne invite Paul? - ……………, elle invite Paul.
25. Il ne peut pas venir? - Mais ……………, il peut venir.
26. Ils arrivent à cinq heures? - ……………, ils arrivent à trois heures.
27. Vous n'avez pas faim? - ……………, nous avons faim.
28. Tu t'appelles Marie? - ……………, je m'appelle Valérie.
29. Est-ce qu'il parle avec vous? - ……………, il ne parle pas avec nous.
30. Vous n'entendez pas le bruit? - ……………, j'entends le bruit.
31. Tu es fatigué, Nicolas? - ……………, un peu.
32. Il va au concert? - Je crois que ……………
33. Florence rentre trop tard? - ……………, elle rentre toujours trop tard.
34. Elle cherche son livre de français? - ……………, son livre d'italien.
35. Tu n'as pas soif? - ……………, merci, pas du tout.
36. Tu n'as pas faim? - ……………, un peu.
37. Vous cherchez le bureau de tabac? - ……………, nous le cherchons.
38. Vous ne prenez rien? - ……………, je prends une tasse de thé.
39. Elle est grande et grosse? - Mais ……………, elle est petite et mince.
40. Les garçons jouent au volley? - ……………, ils jouent au foot.

LES ARTICLES CONTRACTÉS

à	+	la	=	à la
à	+	l'	=	à l'
à	+	le	=	au
à	+	les	=	aux

Exemples: Pierre est **à la** gare.
Paul et Pilou sont **à la** piscine.

M. Bertin travaille **à l'**atelier.
Nadine va **à l'**école.

Les enfants sont **au** zoo.
Nous allons **au** cinéma.

Maman va **aux** États-Unis.
Elle fait les courses **aux** Galeries Lafayette.

de	+	la	=	de la
de	+	l'	=	de l'
de	+	le	=	du
de	+	les	=	des

Exemples: Il a une photo **de la** cathédrale.
Il arrive **de la** gare.

Papa vient **de l'**école.
M. Sagan arrive **de l'**hôtel.

La poste est près **du** restaurant.
Voilà une photo **du** match.

Ce sont les livres **des** filles.
Ils parlent **des** enfants.

METS LES ARTICLES CONTRACTÉS

1. Michel est .... piscine.
2. Nous sommes .... école.
3. Voilà une photo .... Legrand.
4. Tu as les photos .... ville?
5. Vous êtes où? .... Galeries Lafayette?
6. Nous allons .... gare.
7. Les enfants sont .... zoo.
8. Nous mangeons souvent .... restaurant.
9. Voilà une photo .... groupe de touristes.
10. Nous jouons .... foot et .... volley.
11. Vous habitez près .... parc?
12. La piscine est à côté .... stade, près .... école.
13. Je suis .... lit parce que je suis malade.
14. Bertrand est .... café avec Nicole.
15. Elle ne joue jamais .... loterie.
16. Tu veux aller .... piscine avec nous?
17. Voilà une photo .... famille Bertrand.
18. Fabienne mange un pain .... chocolat.
19. La poste est à côté .... cinéma.
20. Tu préfères le sandwich .... fromage ou .... saumon?
21. Ils vont .... musée? - Non, ... abbaye.
22. Elle habite près .... appartement de Pierre.
23. Je voudrais une crêpe .... glace maintenant.
24. On va .... buvette ou .... bistro?
25. Je prends une photo .... ville.
26. Il mange un sandwich .... fromage.
27. J'habite près .... ville.
28. Le musée est près .... restaurant.
29. Nos parents sont .... concert.
30. Près .... parc il y a une buvette.
31. Marie préfère jouer .... tennis.
32. Nous sommes .... M.J.C.
33. Elle habite à côté .... cathédrale.
34. Nous prenons une crêpe .... sucre et .... confiture.
35. La piscine est à côté .... stade, près .... école.
36. Il fait des photos .... maisons et .... jardins.
37. Elle vient .... cinéma?
38. Jouons .... cartes!
39. Le monument est près .... musée.
40. C'est Nadine, la sœur .... garçon là-bas.

41. Pierre est .... club de foot.
42. J'achète les pommes .... supermarché.
43. Tu vas .... concert avec tes parents?
44. Les garçons aident .... chantier.
45. J'ai les photos .... vacances.
46. Tu voudrais un sandwich .... jambon ou .... salade?
47. Moi, je prends un sandwich .... mayonnaise.
48. Notre devoir est .... page 53.
49. Nous allons .... fête de David samedi.
50. Va .... bureau de tabac, s'il te plaît.
51. Monique est la fille .... boulangère.
52. Ils habitent près .... village Bourdas.
53. La chanteuse .... Cool Girls est chouette.
54. Nous sommes .... musée près .... église.
55. On va .... bar Paradis?
56. Je prends un éclair .... chocolat.
57. Ils ont une maison près .... lac de Carcès.
58. Il y a une poste à côté .... parc.
59. Un sandwich .... fromage, je n'aime pas ça.
60. Je préfère le Restaurant .... Mer.
61. Le café .... zoo n'est pas mal non plus.
62. Il y a un film extra .... ciné.
63. Attends! Je prends une photo .... fleurs là-bas.
64. Je ne sais pas encore si je vais .... fête de François.
65. Elle boit un café .... lait.
66. Pierre est le fils .... Musset.
67. Comme dessert je prends une crème .... caramel.
68. Le bébé est encore .... lit.
69. Où est le plan .... ville?
70. Il y a un film super .... télé.
71. La librairie est près .... monument.
72. Nous sommes .... Centre Pompidou.
73. Il habite à Paris, rue .... Reine Blanche.
74. La papeterie est près .... lycée.
75. J'aime bien les œufs .... mayonnaise.
76. Alors, on achète deux sandwichs .... camembert.
77. M.Boileau habite .... Hôtel Eden.
78. Regarde, c'est la voiture .... prof de français.
79. Quatre heures! Venez! C'est l'heure .... goûter.
80. Le nom .... garçon est Bertrand et .... fille, Florence.
81. Les enfants sont .... Louvre.
82. Où est-ce que tu achètes les fruits? - Toujours .... marché.
83. Près .... snack-bar il y a une pizzeria italienne.

LES COMPLÉMENTS APRÈS *JOUER* ET *FAIRE*

jouer à un jeu *ein Spiel spielen*

jouer **à la** loterie		jouer **au** golf	
jouer **à la** poupée	*Puppen spielen*	jouer **au** polo	
jouer **au** hockey		jouer **au** cricket	
jouer **au** cow-boy		jouer **au** bridge	
jouer **au** tennis		jouer **aux** cartes	
jouer **au** volley		jouer **aux** billes	*Murmeln*
jouer **au** foot		jouer **aux** échecs	*Schach*
jouer **au** loto	*Lotto*	jouer **aux** dames	*Dame*
jouer **au** ping-pong		jouer **aux** dés	*Würfel*
jouer **au** badminton	*Federball*	jouer **aux** quilles	*kegeln*
jouer **au** basket-ball			

jouer d'un instrument

jouer **de la** flûte	*Flöte*	jouer **du** piano	*Klavier*
jouer **de la** guitare	*Gitarre*	jouer **du** saxophone	
jouer **de la** clarinette		jouer **du** trombone	*Posaune*
jouer **de la** trompette		jouer **du** hautbois	*Oboe*
jouer **de la** mandoline		jouer **du** violon	*Geige*
jouer **de la** harpe	*Harfe*	jouer **du** violoncelle	*Violoncello*
jouer **de l'**orgue	*Orgel*	jouer **du** cor	*Horn*
jouer **de l'**accordéon	*Zieharmonika*	jouer **du** tambour	*Trommel*
jouer **de l'**harmonica	*Mundharmonika*	jouer **des** cloches	*Glocken*

faire du sport *Sport betreiben*

faire **de la** voile	*segeln*	faire **de la** danse classique	*Ballett tanzen*
faire **de la** gymnastique		faire **du** ballet	*Ballett tanzen*
faire **du** judo		faire **de la** luge	*rodeln*
faire **du** rugby		faire **de la** balançoire	*schaukeln*
faire **du** tennis		faire **de la** course automobile	*rennfahren*
faire **du** ski		faire **de la** corde à sauter	*Schnur springen*
faire **du** foot(ball)		faire **de l'**équitation	*reiten*
faire **du** jogging		faire **du** skating	*Rollschuh fahren*
faire **de l'**escalade	*klettern*	faire **du** traîneau	*Schlitten fahren*
faire **du** patin	*eislaufen*	faire **de la** natation	*schwimmen*
faire **du** toboggan	*rutschen*	faire **de la** bicyclette	*radfahren*

METS LES COMPLÉMENTS CORRECTS

1. Les enfants jouent .... cartes.
2. Maman ne joue jamais .... loterie.
3. En hiver nous faisons .... ski et .... patin.
4. Jérôme préfère jouer .... foot.
5. Nicole et son amie jouent .... poupée.
6. Tu sais jouer .... instrument? - Oui, ... guitare.
7. Claudine fait .... gymnastique trois fois par semaine.
8. Je fais .... bicyclette chaque jour.
9. Mes parents jouent .... bridge le samedi.
10. On joue .... ping-pong avec Pierre et Michelle.
11. Tu viens avec nous jouer .... quilles?
12. Les enfants jouent .... billes dans le jardin.
13. M. Dugarry joue .... golf, leur fils préfère jouer .... polo.
14. À l'école nous jouons .... badminton, ... volley et .... foot.
15. Maman fait .... luge avec la petite Valérie.
16. Pierre joue .... trompette et sa sœur .... flûte.
17. Fernand aime jouer .... saxophone.
18. C'est difficile de jouer .... violon?
19. Barbara aime faire .... corde à sauter.
20. Elle fait .... danse classique.
21. Ils pensent que faire .... rugby, c'est super.
22. Les garçons font .... judo deux fois par semaine.
23. Marie fait .... ballet le jeudi.
24. Nicole sait jouer .... harpe.
25. Monsieur Malraux joue .... cor, son fils .... tambour.
26. Regarde, les Duras font .... voile.
27. Madame Paulette fait .... natation l'après-midi.
28. Pierre Falot fait .... course automobile.
29. Les profs jouent .... badminton le mercredi.
30. Jouons .... dés! - Non, ... cow-boy!
31. Bertrand fait .... escalade, sa sœur fait .... équitation.
32. Mon oncle joue .... orgue à l'église.
33. Tu joues .... hockey?
34. Tiens! Monique fait .... skating!
35. Jouons .... dames! - Mais non! Jouons plutôt .... échecs!
36. Pierre sait jouer .... harmonica? - Non, il joue .... hautbois.
37. J'aime l'hiver. Je fais .... traîneau et nous faisons .... ski.
38. Les enfants font .... toboggan et .... balançoire dans le parc.
39. Ses hobbies sont: faire .... jogging et jouer .... volley.
40. Il apprend à jouer .... accordéon.

LE PRONOM OBJET DIRECT
Das direkte Objektspronomen

Das **direkte** Objektspronomen ist ein **Akkusativ** (ein 4.Fall).
Frage: **Wen** oder **was**?

me / m'	*mich*
te / t'	*dich*
le, la / l'	*ihn, sie*
nous	*uns*
vous	*euch, Sie*
les	*sie*

1. **Avant** le verbe conjugé: *Es steht vor dem konjugierten Verb:*

Exemples:

Il **me** regarde.
Il **m'**aime.

Je **te** vois bien.
Je **t'**aime.
Maman **t'**appelle.

Elle cherche **la voiture**.   Elle **la** cherche.
Je cherche **Nadine**.   Je **la** cherche.
Il prend **le sandwich aux tomates**. Il **le** prend.
J'invite **Pilou**.   Je **l'**invite.
Tu ne manges pas **ta tartine**?   Non, je ne **la** mange pas.
Elle ne dit pas **la vérité**?   Non, elle ne **la** dit pas.

Elle **nous** écoute.
Il **nous** invite.

Il **vous** regarde.
Elle **vous** appelle.

Nous mangeons **les pommes**.   Nous **les** mangeons.
Nous faisons **nos devoirs**.   Nous **les** faisons.

73

2. Avant l'infinitif: *Es steht vor dem Infinitiv.*

Exemples:

Je veux manger **la pomme**.   Je veux **la** manger.
Je voudrais acheter **les poires** là-bas.   Je voudrais **les** acheter.
Il ne veut pas faire **son devoir**.   Il ne veut pas **le** faire.
Tu sais faire **ton devoir**?   Oui, je sais **le** faire.
Elle ne peut pas ranger **les chambres**.   Elle ne peut pas **les** ranger.

3. Après l'impératif affirmatif: *Es wird am bejahten Imperativ angehängt.*

Exemples:

Fais **ton devoir**!   Fais-**le**!
Range **ta chambre**!   Range-**la**!
Achetez **les pommes rouges**. Achetez-**les**!
Regardons **les photos**!   Regardons-**les**!
Écoutez-**nous**!
Regardez-**vous**!

Achtung:
Bei der 1. und 2. Person Singular verwenden wir **moi, toi** statt me, te!

Regardez-**moi**!
Regarde-**toi**!

4. Avant l'impératif négatif: *Beim verneinten Imp. steht es vor dem Imperativ:*

Exemples:

Ne **me** regarde pas!
Ne **l'**écoutez plus!
Ne **les** cherchons pas!
Ne **les** achetez pas!
Ne **nous** regardez pas!

METS LES PRONOMS OBJETS DIRECTS

1. Elle prend **la tasse**.
2. Nous appelons **les enfants**.
3. Il ne veut pas préparer **le goûter**.
4. Cherchez **Nadine et Paul**!
5. N'écrivez pas **les lettres** maintenant!
6. Nous allons voir **Pierre**.
7. Nous mangeons **les sandwichs**.
8. Elle cherche **sa voiture**.
9. Vous fumez **les cigarettes de papa**?
10. Nous ne voulons pas faire **nos devoirs**.
11. Nous invitons **nos amis**.
12. N'écoutez plus **Pierre**!
13. Je voudrais aider **Florence**.
14. Regardons **vos photos**!
15. Vous prenez **le thé** dans la salle à manger?
16. Elle veut acheter **la robe rouge**.
17. Vous savez faire **vos devoirs**?
18. Il regarde **son amie**.
19. Il regarde **son ami**.
20. Je cherche **la poste**.
21. Passez **l'aspirateur**!
22. Nous attendons **nos parents**.
23. Elle ne peut pas aider **Sylvie**.
24. Tu me comprends? – Oui je ………… comprends bien.
25. Tu écoutes **la radio**?
26. Il va voir **Nicole**.
27. Nous ne mangeons pas **le gâteau**.
28. Elle appelle **Madame Legrand**.
29. Elle prend **son chapeau**.
30. Tu nous écoutes? – Oui, je ………… écoute maintenant.
31. Dites **la vérité**!
32. Elle t'invite? – Oui, elle ………… invite.
33. Ne parlez pas si vite. Je ne ………… comprends pas.
34. Tu ……… vois, Pierre?
35. Mets **le couvert**!
36. Elle mange **le sandwich au jambon**.
37. Cherchez **vos livres**!
38. Attendez- ………… !
39. Rangez **vos chambres**!
40. Il veut dire **la vérité**.

OFFRIR / PAYER / ENTENDRE / ATTENDRE

offrir *(anbieten)*

j'	offre
tu	offres
il/elle/on	offre
nous	**offrons**
vous	offrez
ils/elles	**offrent**

Offre!
Offrons!
Offrez!

payer *(bezahlen)*

je	**paie** / paye
tu	**paies** / payes
il/elle/on	**paie** / paye
nous	payons
vous	payez
ils/elles	**paient** / payent

Paie! / Paye!
Payons!
Payez!

entendre *(hören)*

j'	entends
tu	entends
il/elle/on	entend
nous	**entendons**
vous	**entendez**
ils/elles	**entendent**

Entends!
Entendons!
Entendez!

attendre *(warten)*

j'	attends
tu	attends
il/elle/on	attend
nous	**attendons**
vous	**attendez**
ils/elles	**attendent**

Attends!
Attendons!
Attendez!

METS LES VERBES CORRECTS

1. Maman .... (offrir) des bonbons aux enfants.
2. Ils .... (payer) tout de suite.
3. Elle m' .... (offrir) son aide.
4. Tu .... (payer) pour moi?
5. Ils .... (attendre) à la gare.
6. J' .... (entendre) quelque chose dans ta chambre.
7. Il .... (payer) le garçon pour arroser les fleurs.
8. .... (attendre) un peu!
9. Cherche tes clés! Tu .... (entendre)?
10. Nous .... (attendre) devant la maison.
11. Il .... (offrir) des fleurs à son amie.
12. Viens, il nous .... (payer) un verre.
13. Ne parlez pas si vite, on n' .... (entendre) rien!
14. Marie et Barbara .... (attendre) leurs amis devant la buvette.
15. Ils doivent .... (payer) leurs dettes.
16. Mon oncle .... (entendre) mal. Il est vieux.
17. Vous .... (attendre) dans le parc.
18. Nous .... (payer) la voiture 10 000 euros.
19. Vous .... (entendre) mal? Alors, je parle plus fort.
20. Vous m' .... (offrir) une tasse de thé?
21. .... (attendre)! Je sais la réponse!
22. Nous .... (entendre) nos parents. Ils rentrent de la ville.
23. Papa .... (payer) le dîner.
24. Qu'est-ce que vous faites? - On .... (attendre) Marie-Claire.
25. Maman nous .... (offrir) à boire.
26. Ils .... (entendre) leur amis devant la porte.
27. .... (attendre)! Je voudrais vous dire quelque chose.
28. Je t' .... (offrir) un sandwich, Nadine?
29. Je vous .... (attendre) au restaurant.
30. Au restaurant, tu .... (payer) toujours pour ton amie, Pilou?
31. Les filles .... (attendre) devant l'école.
32. .... (offrir) à manger à tes amis.
33. Elles s' .... (entendre) bien.
34. Pilou est charmant. Il .... (offrir) son bras à Michelle.
35. Tu m' .... (attendre) après le cours?
36. Il ne veut pas .... (entendre) ça.
37. Qu'est-ce qu'on .... (offrir) aux amis? Des crêpes?
38. J' .... (attendre) ta lettre.
39. Ils nous .... (offrir) 3 000 euros pour notre voiture.
40. S'il te plaît, ... (payer) les pommes.

SAVOIR OU POUVOIR

savoir = können, im Sinne von *die Fähigkeit haben, beherrschen, wissen*
pouvoir = können, im Sinne von *die Möglichkeit haben wegen äußerer Umstände*.

1. Ma mère .... bien faire la cuisine.
2. Pierre ne .... pas encore nager. Il n'a que trois ans.
3. Je ne .... pas aller à l'école parce que je suis malade.
4. Est-ce que tu .... faire un gâteau?
5. Nous .... venir à midi.
6. Nadine a cinq ans mais elle .... déjà lire.
7. Philippe .... aller à la gare chercher son père.
8. Tu .... conduire?
9. Est-ce que vous .... ranger vos chambres maintenant?
10. Le champion .... lever 200 kilos. Il est fort.
11. Elle .... faire ses devoirs seule.
12. Vous ...., nos parents jouent au bridge le dimanche.
13. Est-ce que tu .... jouer d'un instrument?
14. Qu'est-ce qu'on fait? - Je ne .... pas.
15. Mamie ne .... pas lire parce qu'elle ne trouve pas ses lunettes.
16. Tu ...., Mireille est l'amie de François.
17. Vous .... les réponses?
18. Les filles .... faire la cuisine seules.
19. Nous .... aller à la M.J.C. ou au ciné.
20. Vous .... venir demain? - Oui, je .... venir à midi.
21. Je ne .... plus marcher, je suis fatigué.
22. Il ne .... pas trouver ses clés.
23. Nadine .... jouer de la flûte.
24. Ils .... venir samedi.
25. Nicole, tu .... m'aider? - Pas maintenant, Pilou.
26. Tu .... laver la voiture demain? - Non, je ne .... pas.
27. David ne .... pas manger seul, il est malade.
28. Marie ne .... pas encore manger seule, elle n'a que dix mois.
29. Si tu as le temps nous .... aller au café ensemble.
30. Tu ...., je n'aime pas aller au restaurant demain.
31. Vous .... venir le week-end? - Non, pas le week-end.
32. Barbara .... bien danser.
33. Pilou .... déjà écrire son nom. Il a quatre ans.
34. Est-ce que vous .... parler moins vite? Je ne .... pas vous comprendre.
35. Qu'est-ce que tu .... de Pierre? Il est l'ami de Marie?

VOIR OU REGARDER

voir = zufälliges Sehen, erblicken, zu Gesicht bekommen (*vgl. to see*)
regarder = zusehen, ansehen, betrachten, nachschlagen (*vgl. to look at, watch*)

1. Qu'est-ce que tu ………………? - Un film de Spielberg.
2. Vous …………………, Pierre est toujours en retard.
3. Nous ………………… les photos des vacances.
4. …………-moi, j'ai une robe bleue.
5. Je ………………… Nicolas deux fois par semaine.
6. ………………… le mot dans ton livre!
7. Ne ………………… pas ce monsieur comme ça!
8. ………………… Marlène! Elle mange trop!
9. Mamie aime ………………… ses fleurs.
10. ………………… ! C'est Nadine avec son ami Pilou.
11. Des films intéressants sont à ………………… au ciné maintenant.
12. Je ne ………………… pas mon livre. Je le cherche.
13. ………………… ta montre! Il est sept heures.
14. Vous ………………… arriver les enfants?
15. Elle vient me ………………… le samedi.
16. On peut ………………… qu'il est malade.
17. ………………… ! Pierre vient avec Julie!
18. Je n'aime pas ………………… ce film.
19. Tu veux ………………… nos photos?
20. Elle n'aime pas ………………… la télé.
21. On ………………… qu'il aime Marie.
22. Il ne ………………… pas bien. Il a des lunettes.
23. Venez me ………………… samedi, s'il vous plaît.
24. Elle ………………… sa fille qui pleure.
25. Tu ………………… bien, je fais la vaisselle le lundi, le mardi et le jeudi.
26. Nous allons ………………… nos grands-parents.
27. Je voudrais ………………… monsieur le directeur.
28. Ne me ………………… pas! Aide-moi!
29. Denise ………………… son chien qui joue dans le parc.
30. Elle ne veut ………………… personne.
31. Nous ………………… que Pierre est très charmant.
32. Il ne ………………… pas de problème.
33. Vous …………………, le goûter est prêt.
34. Elle n'aime pas ………………… le match de foot.
35. ………………… ! C'est Françoise avec sa voiture!
36. Je vais ………………… Pilou parce qu'il est malade.

ENTENDRE OU ÉCOUTER

entendre = zufälliges Hören, vernehmen, verstehen, hören können (vgl. *to hear*)
écouter = zuhören, anhören, horchen, aufpassen (vgl. *to listen to*)

1. ...., les enfants! Vous rangez vos chambres maintenant!
2. ....! Qu'est-ce que c'est? - Je n' .... rien!
3. Tu .... la radio? - Non, maman, j' .... un CD.
4. J' .... un bruit dans la rue.
5. Nous .... mamie. Elle raconte toujours des histoires intéressantes.
6. .... Françoise! Tu fais la vaisselle et moi, je mets la table.
7. Tu .... Yves Montand? - Oui, je l' ....
8. D'abord vous .... la dictée et après vous l'écrivez.
9. Tu .... le vent? - Oui, et j'aime l' ....
10. .... ! J' ...., mais je n' .... rien.
11. Parle plus fort. Je ne t' .... pas.
12. J' .... ma mère. Elle rentre de la ville.
13. Tu ne m' .... jamais! - Mais si, je t' .... !
14. .... -moi bien, Nadine et Barbara!
15. Nous .... un concert de musique classique à la radio.
16. Elle sait se faire ....
17. .... ta conscience!
18. Nous .... dire que Pierre a une amie charmante.
19. Elle aime .... parler français.
20. Tu fais tes devoirs maintenant, tu .... ?
21. J' .... Alain! Il arrive enfin!
22. Nous .... Louis parler. Mais il est où?
23. Elle ne doit pas .... ça.
24. C'est une bonne amie. Elle sait ....
25. J' .... bien que vous avez faim maintenant.
26. Nous allons .... un concert de rock.
27. J' .... papa dans la cuisine.
28. J' .... les nouvelles à la radio.
29. Nadine et Florence .... toujours la même chanson!
30. Tu .... le chien, toi aussi?
31. Nous aimons .... Jacques Brel.
32. Pilou .... à la porte.
33. Grand-père n' .... pas, parce qu'il est sourd.
34. Marie .... toujours mes problèmes.
35. .... chérie, tu m'attends à la maison.
36. Les deux garçons n' .... pas leurs parents.
37. Vous .... les enfants? Ils jouent dans le jardin.

LES QUANTIFIANTS
Die Mengenangaben

Nach **Mengenangaben** verwendet man im Französischen **de / d'**
(d' vor Vokalen und stummem h).

1. de / d' nach Substantiven:

un verre	**d'**eau minérale *(f)*	*ein Glas Mineralwasser*
une tasse	**de** café *(m)*	*eine Tasse Kaffee*
un bol	**de** café au lait *(m)*	*eine Schale Milchkaffee*
un tube	**de** colle *(f)*	*eine Tube Klebstoff*
une bouteille	**de** vin rouge *(m)*	*eine Flasche Rotwein*
un pot	**de** confiture *(f)*	*ein Glas/Topf Marmelade*
un pot	**de** yaourt *(m)*	*ein Becher Joghurt*
une goutte	**de** café *(m)*	*ein Schluck Kaffee*
une goutte	**d'**huile *(f)*	*ein Tropfen Öl*
un kilo	**de** pommes *(f)*	*ein Kilo Äpfel*
une livre	**de** farine *(f)*	*ein halbes Kilo Mehl*
un quart	**de** beurre *(m)*	*ein Viertel Butter*
un quart	**de** vin *(m)*	*ein Viertel Wein*
cent grammes	**de** sucre *(m)*	*hundert Gramm Zucker*
un litre	**de** lait *(m)*	*ein Liter Milch*
un demi-litre	**de** lait *(m)*	*ein halber Liter Milch*
un pichet	**de** blanc *(m)*	*ein Krug Weißwein*
un morceau	**de** fromage *(m)*	*ein Stück Käse*
un paquet	**de** cigarettes *(f)*	*eine Zigarettenschachtel*
un cornet	**de** frites *(f)*	*eine Tüte Pommes frites*
une douzaine	**d'**œufs *(m)*	*zwölf / ein Dutzend Eier*
une cuillerée	**de** sel *(m)*	*ein Löffel Salz*
une petite cuillerée	**de** sel *(m)*	*ein Kaffeelöffel Salz*
une pincée	**de** sel *(m)*	*eine Messerspitze/Prise Salz*
un sac	**de** pommes *(f)*	*ein Sack Äpfel*
une boîte	**de** thon *(m)*	*Thunfischdose*
une tranche	**de** jambon *(m)*	*eine Schnitte Schinken*
un mètre	**de** drap *(m)*	*ein Meter Stoff*
une feuille	**de** salade *(f)*	*ein Salatblatt*
un groupe	**de** gens *(m)*	*eine Gruppe Leute*
un grand nombre	**de** jeunes gens	*eine große Anzahl junger Leute*
une foule	**de** questions *(f)*	*eine Menge Fragen*
une multitude	**de** questions	*eine Menge Fragen*
un peu	**de** sel	*ein bisschen Salz*

2. de / d' nach Adverbien:

peu	**de** lait (m)	wenig Milch
beaucoup	**d'** oranges (f)	viele Orangen
assez	**d'** argent (m)	genug Geld
combien	**de** pommes (f)	wieviele Äpfel
trop	**de** sucre (m)	zuviel Zucker
plus	**de** lait (m)	mehr Milch
tant	**de** fois (f)	soviele Male, sooft
autant	**de** fautes (f)	soviele Fehler
moins	**de** sucre (m)	weniger Zucker

3. Merke:

quelque chose	**d'** autre	etwas Anderes
quelque chose	**d'** important	etwas Wichtiges
Quoi	**de** nouveau / neuf?	Was gibt es Neues?
rien	**d'** intéressant	nichts Interessantes
Que	**de** gens dans la rue!	Soviele Leute auf der Straße!

DE / D' / UN / UNE / DES / LE / LA / LES

1. Pierre mange seulement .... hamburgers.
2. Tu veux .... tasse .... thé, Corinne?
3. Va au marché et achète deux kilos .... pommes de terre, s'il te plaît.
4. J'entends .... bruit dans .... jardin.
5. Mon père préfère .... vin à .... bière.
6. Monique a beaucoup .... amies.
7. Pierre ne fait pas .... devoirs.
8. Il y a encore .... peu .... lait dans .... frigidaire.
9. Je voudrais acheter .... disques. - Mais tu as déjà assez .... disques!
10. Je n'ai pas beaucoup .... temps aujourd'hui.
11. Le petit Henri ne mange pas .... pommes. Il ne .... aime pas.
12. Ce sont .... olives? - Non, ce ne sont pas .... olives.
13. Dans ta chambre il y a trop .... désordre, Pilou!
14. Tu écris .... lettre? - Non, je n'écris pas .... lettre, c'est .... carte.
15. Je ne trouve pas .... verre. Où sont .... verres, Nadine?
16. Tu prends .... tranche .... jambon? - Non, merci .... morceau .... fromage.
17. Elle n'aime pas beaucoup .... hamburgers.
18. Qu'est-ce que tu mets? - .... pincée .... sel, ... cuillerée .... sucre et .... peu .... eau.
19. Je n'aime pas .... fromage. - Tu veux quelque cose .... autre?
20. Prends moins .... sucre! Tu mets toujours trop .... sucre!
21. Tu me donnes .... verre .... eau minérale?
22. Il adore .... pains au chocolat.
23. Dans .... M.J.C. il y a .... grand nombre .... jeunes gens.
24. Sur la table il y a .... boîte .... sardines et deux boîtes .... thon.
25. Monsieur Boyer a assez .... argent pour acheter .... maison.
26. Combien .... pommes est-ce que tu achètes? - Pas .... pommes, je prends .... poires.
27. Il y a .... croissants dans le sac? - Non, il n'y a pas .... croissants, il y a deux morceaux .... gâteau.
28. Quoi .... nouveau? - Rien .... nouveau!
29. .... goutte .... café? - Non, merci, ... verre .... jus, s'il te plaît.
30. Combien .... cigarettes est-ce que tu as encore? - .... paquet .... cigarettes seulement.
31. Pour .... robe j'achète trois mètres .... drap.
32. Les élèves posent .... multitude .... questions.
33. Qui veut .... cornet .... frites? - Moi! J'aime .... frites!
34. Quelque chose .... important dans le magazine? - Rien .... neuf.
35. Tiens, Bertrand n'a plus .... moustache!
36. Madame Dubois ne boit pas .... vin.

LE COMPLÉMENT D'OBJET INDIRECT
Das indirekte Objekt

Das **indirekte** Objekt ist ein **Dativ** (ein 3. Fall).
Frage: **Wem?**

Folgende Verben verlangen im Französischen den dritten Fall:

annoncer	à quelqu'un	jemandem ankündigen
apporter	à quelqu'un	jemandem bringen
apprendre	à quelqu'un	jemandem beibringen
confirmer	à quelqu'un	jem. versichern, bestätigen
demander	à quelqu'un	jemanden fragen (im D. der 4.F.)
dire	à quelqu'un	jemandem sagen
donner	à quelqu'un	jemandem geben
écrire	à quelqu'un	jemandem schreiben
envoyer	à quelqu'un	jemandem schicken
expliquer	à quelqu'un	jemandem erklären
faire un cadeau	à quelqu'un	jemandem ein Geschenk machen
montrer	à quelqu'un	jemandem zeigen
offrir	à quelqu'un	jemandem anbieten
parler	à quelqu'un	mit jemandem sprechen
poser une question	à quelqu'un	jemandem eine Frage stellen
préparer	à quelqu'un	jemandem zubereiten
prêter	à quelqu'un	jemandem borgen
raconter	à quelqu'un	jemandem erzählen
rendre	à quelqu'un	jemandem zurückgeben
répondre	à quelqu'un	jemandem antworten
reprocher	à quelqu'un	jemandem vorwerfen
téléphoner	à quelqu'un	jemanden anrufen (im D. der 4.F)

Achtung: **Aider, écouter** verlangen im Französischen den vierten Fall.
Im Deutschen jedoch wird der dritte Fall verwendet.

Exemples: J'**écoute** mon père.   Ich höre meinem Vater zu.
Il **aide** la fille.   Er hilft dem Mädchen.

METS LES COMPLÉMENTS

1. Nous montrons les photos ………… nos parents.
2. Tu envoies une carte postale ………… ta mère?
3. Les enfants écoutent ………… leur grand-mère.
4. Il donne le cadeau ………… parents.
5. Sylvie téléphone ………… Lucienne.
6. Marcel aide ………… ses grands-parents dans le jardin.
7. Elle sait répondre ………… questions.
8. Parle ………… ton prof de français!
9. Les parents font un cadeau ………… enfants.
10. Dis bonjour ………… monsieur, Florence!
11. Tu n'écoutes jamais ………… tes parents.
12. Le chien apporte un bâton ………… monsieur.
13. Demande des bonbons ………… ta mère.
14. Elle rend le livre ………… Bernadette.
15. David confirme la vérité ………… ses parents.
16. Le prof explique les règles ………… élèves.
17. Madame Dary offre des croissants ………… amies.
18. Les élèves écoutent ………… leur prof.
19. Marlène prête son CD de Brel ………… copains.
20. Ils annoncent leur mariage ………… amis.
21. Cécile montre la photo de son ami ………… Sophie.
22. Elle donne un verre d'eau minérale ………… enfants.
23. Papa prépare le goûter ………… sa famille.
24. Louise et Pierre posent des questions ………… touristes.
25. Valérie écrit ………… sa correspondante en Allemagne.
26. Les Dubois montrent leur maison ………… Leblanc.
27. Alain demande le numéro de téléphone de Marie ………… amis.
28. Ils posent beaucoup de questions …… travailleurs pour leur enquête.
29. La grand-mère raconte des histoires ………… enfants.
30. Maman apporte les sandwichs ………… Pierre qui est malade.
31. Elle demande la solution ………… Dominique.
32. Fabienne prête son cahier de français ………… Louis.
33. Elle écoute ………… ses copains.
34. Je voudrais parler ………… Monsieur Duhamel, s'il vous plaît.
35. Elle offre une tasse de café ………… Madame Delmont.
36. Je demande l'adresse de Monsieur Poulot ………… Marie.
37. Claudine montre sa chambre ………… Madame Sagan.
38. Elle apprend la chanson ………… filles.
39. S'il te plaît rends les livres ………… Henriette.
40. Elle aide ………… sa sœur à faire ses devoirs.

85

LE PASSÉ COMPOSÉ
Die Vergangenheit

Das **passé composé** drückt eine **abgeschlossene, vollendete** Handlung, die in ihrer Auswirkung noch in die Gegenwart reicht, aus. Es ist die Erzählform der Umgangssprache.

Es wird mit **avoir** oder **être** u. d. **participe passé** (Partizip Perfekt) gebildet.

acheter	acheté	gekauft	faire	**fait**	gemacht
aider	aidé	geholfen	dire	**dit**	gesagt
aimer	aimé	geliebt	écrire	**écrit**	geschrieben
aller	allé	gegangen	être	**été**	gewesen
chanter	chanté	gesungen	offrir	**offert**	angeboten
chercher	cherché	gesucht	mettre	**mis**	gestellt
donner	donné	gegeben	prendre	**pris**	genommen
parler	parlé	gesprochen	comprendre	**compris**	verstanden
écouter	écouté	gehört	répondre	**répondu**	geantwortet
manger	mangé	gegessen	attendre	**attendu**	gewartet
payer	payé	bezahlt	entendre	**entendu**	gehört
préférer	préféré	bevorzugt	lire	**lu**	gelesen
regarder	regardé	angesehen	boire	**bu**	getrunken
travailler	travaillé	gearbeitet	vendre	**vendu**	verkauft
arriver	arrivé	angekommen	vouloir	**voulu**	gewollt
lever	levé	hochgehoben	pouvoir	**pu**	gekonnt
danser	dansé	getanzt	avoir	**eu**	gehabt
trouver	trouvé	gefunden	savoir	**su**	gewusst
gagner	gagné	gewonnen	voir	**vu**	gesehen
demander	demandé	gefragt	devoir	**dû**	gemusst
entrer	entré	eingetreten	venir	**venu**	gekommen

1. Le passé composé avec avoir:

Die **meisten** Verben bilden das passé composé mit **avoir**.
Auch die Verben der Bewegungs**art** werden mit **avoir** gebildet.

Es sind dies z.B.:

nager	schwimmen
marcher	marschieren
voler	fliegen
courir (couru)	laufen
grimper	klettern
sauter	springen

Exemples: J'ai fait mes devoirs.   *Ich habe meine Hausübungen gemacht.*
Tu as pris une tasse de thé.   *Du hast eine Tasse Tee genommen.*
Il a regardé les photos.   *Er hat die Photos angesehen.*
On a lu le livre.   *Wir haben das Buch gelesen.*
Nous avons téléphoné à Paul.   *Wir haben Paul angerufen.*
Vous avez pris le goûter.   *Ihr habt die Jause gegessen.*
Elles ont compris les règles.   *Sie haben die Regeln verstanden.*
J'ai beaucoup marché.   *Ich bin viel gegangen / marschiert.*
On a nagé dans un lac.   *Wir sind in einem See geschwommen.*
Les filles ont sauté.   *Die Mädchen sind gesprungen.*

2. Le passé composé avec être.

Die Verben der **Bewegungsrichtung** bilden das passé composé mit **être**.

Es sind dies:
- **aller** — *gehen*
- **arriver** — *ankommen*
- **descendre (descendu)** — *hinuntersteigen*
- **devenir (devenu)** — *werden*
- **entrer** — *eintreten*
- **monter** — *hinaufsteigen*
- **partir (parti)** — *weggehen*
- **rentrer** — *zurück-/heimkommen*
- **rester** — *bleiben*
- **retourner** — *zurückkehren*
- **revenir** — *zurückkommen*
- **sortir (sorti)** — *ausgehen*
- **tomber** — *fallen*
- **venir** — *kommen*

Ebenso: **mourir (mort)** *(sterben)* und **naître (né)** *(geboren werden)*

Wird das passé composé mit être gebildet, richtet es sich in **Geschlecht und Zahl** nach dem Subjekt.

Exemples: Nicole est allée à Paris.   Les garçons sont restés à l'hôtel.
Les filles sont venues.   Valérie est sortie avec Pierre.
Marie est tombée.   Vous êtes rentré(e)s très tard.
Les filles sont parties.   Ma tante est arrivée à la gare.

3. Die **Verneinung umschließt** avoir / être:

Elle n'est pas venue.
Il n'a pas mangé.

87

METS LES VERBES AU PASSÉ COMPOSÉ

1. Pierre .... (être) malade.
2. Les amies .... (venir) très tard.
3. Ils .... (faire) leurs devoirs.
4. J' .... (passer) mes vacances en France.
5. Fernand .... (ne pas vouloir) écrire une lettre.
6. Les garçons .... (travailler) pendant les vacances.
7. Est-ce que tu .... (voir) ce garçon?
8. Je crois que tu .... (dire) la vérité.
9. Il nous .... (offrir) une tasse de thé.
10. Bertrand .... (mettre) le couvert.
11. Vous .... (comprendre)?
12. Nous .... (attendre) à la gare.
13. Les élèves .... (poser) des questions aux touristes.
14. Qu'est-ce que tu .... (répondre)?
15. Il .... (devoir) faire son devoir encore une fois.
16. Quand est-ce que Marie et Pierre .... (venir)?
17. Vous .... (lire) ce livre?
18. Il .... (beaucoup nager) pendant les vacances.
19. Tu .... (déjà téléphoner) à Pierre?
20. Quand est-ce qu'ils .... (retourner)?
21. Elles .... (rester) chez Fabienne.
22. Monsieur Ledoux .... (entrer) dans le parc.
23. Tiens, Nicole .... (sortir) avec Pilou.
24. Maman .... (aller) à Vienne.
25. Elles .... (prendre) leur goûter.
26. Papa .... (prendre) un café au lait.
27. Nous .... (faire) beaucoup de photos.
28. Quand est-ce qu'ils .... (partir)?
29. Les élèves .... (organiser) une fête.
30. Elle .... (boire) un jus d'orange.
31. Est-ce que tu .... (déjà voir) l'exposition?
32. Les Leblanc .... (arriver) à la gare.
33. Joseph et Nadine .... (ranger) leurs chambres.
34. Elle .... (ne pas encore venir).
35. Ils .... (faire) une balade à vélo avec leur père.
36. Bertrand .... (écouter) la radio.
37. Mamie .... (raconter) des histoires aux enfants.
38. Qu'est-ce que tu .... (acheter) au marché?
39. Elle .... (montrer) ses photos aux amies.
40. Je trouve qu'il .... (mettre) trop de couleurs.

41. J'............ (oublier) mon cahier d'allemand.
42. On .... (écouter) des CD de Brel et Piaf.
43. J'............ (chercher) le livre partout.
44. Les enfants .... (devoir) ranger leurs chambres.
45. David et Lucien .... (souvent faire) la vaisselle.
46. Vous .... (trop regarder) la télé aujourd'hui.
47. Elle .... (ne pas trouver) d'amis pendant les vacances.
48. Où est-ce qu'ils .... (attendre)?
49. Je .... (ne rien entendre)!
50. Ils .... (jouer) au tennis ce matin.
51. Paul .... (toujours gagner).
52. Nous .... (être) au cinéma hier soir.
53. Les jeunes gens .... (beaucoup discuter).
54. Monique .... (tomber) dans la cuisine.
55. Nous .... (aller) au restaurant avec nos parents.
56. En été nous .... (beaucoup nager).
57. Elles .... (rester) à l'hôtel Soleil.
58. Quand est-ce qu'elle .... (revenir)?
59. Nos amis .... (ne pas venir) hier.
60. Hier soir papa .... (ne plus travailler).
61. Il .... (faire) une promenade avec son chien.
62. Les enfants .... (être) à la piscine.
63. Elle .... (boire) un verre d'eau minérale.
64. Les filles .... (aller) au café.
65. Les garçons .... (jouer) au foot dans le jardin.
66. Tu .... (ne pas encore manger) ton sandwich?
67. Qu'est-ce qu'elle .... (devenir)? - Boulangère.
68. Nous .... (descendre) très vite de la montagne.
69. Elle .... (partir) sans rien dire.
70. Sa correspondante .... (venir) en septembre.
71. Il .... (prendre) deux fois de ton gâteau.
72. Elle .... (ne rien offrir).
73. Est-ce que tu .... (déjà payer)?
74. Est-ce que maman .... (acheter) des poires?
75. Vous .... (donner) la lettre à vos parents?
76. Elle .... (préférer) la robe bleue.
77. Pendant les vacances nous .... (beaucoup marcher).
78. Les jeunes gens .... (beaucoup danser).
79. Barbara .... (ne rien répondre).
80. Est-ce que tu .... (savoir) la réponse?
81. Les Legrand .... (vendre) leur appartement.
82. Il .... (être) très triste.
83. Thérèse .... (descendre) dans la rue.

89

LA MAISON

l'appartement (m)	Wohnung
l'ascenseur (m)	Lift
le balcon	Balkon
le bureau	Büro, Schreibtisch
les cabinets (m)	Klosett
la cave	Keller
la chambre d'amis	Gästezimmer
la chambre à coucher	Schlafzimmer
la chambre mansardée	Mansardenzimmer
le couloir	Gang
la cour	Hof
la cuisine	Küche
le débarras	Abstellraum
l'entrée (f)	Eingang
l'escalier (m)	Stiege
l'étage (m)	Stockwerk
la façade	Fassade
le grenier	Dachboden
le plafond	Zimmerdecke
le plancher	Fußboden
la porte	Tür
la porte d'entrée	Haustür
la salle à manger	Esszimmer
la salle de bains	Bad
la salle de séjour	Wohnzimmer
la sortie	Ausgang
le studio	Einzimmerwohnung
la terrasse	Terrasse
les toilettes (f)	Toilette
le toit	Dach
le vestiaire	Garderobe
les W.-C. (m)	WC

FAIRE DES ACHATS — Einkäufe machen

faire les courses (f)	Lebensmittel kaufen
le libre-service	Selbstbedienung
faire la queue Les clients font la queue.	Die Kunden stellen sich an.
le client, la cliente	Kunde, Kundin
la clientèle	Kundschaft
le vendeur, la vendeuse	Verkäufer, Verkäuferin
le marchand, la marchande	Händler, Händlerin
le ticket de caisse, le bon de caisse	Kassazettel
payer à la caisse	an der Kassa zahlen
la vitrine Le pull est en vitrine.	Der Pulli ist im Schaufenster.
l'étalage (m) On prépare les étalages de Pâques.	Man bereitet d.Osterauslagen vor.
bon marché (unveränderlich)	billig
Le prix est acceptable.	Der Preis ist annehmbar.
l'argent (m)	Geld
Il dépense son argent de poche en CD.	Er gibt s.Taschengeld f. CDs aus.
Et avec ça?	Sonst noch etwas?
Merci, c'est tout. / Merci, ce sera tout.	Danke, das ist alles.
Ça fait combien?	Wieviel macht das?
C'est combien, les pains au chocolat?	Wieviel kosten ….
le grand magasin	Kaufhaus
le supermarché	Supermarkt
le marché aux fruits	Obstmarkt

Pour acheter des **croissants** je vais à la **boulangerie.** (Bäckerei)
Pour acheter des **steaks** (m) je vais à la **boucherie.** (Fleischhauerei)
Pour acheter des **savons** (m)(Seife) je vais à la **pharmacie.** / à la **droguerie.**
Pour acheter des **fruits** (m) je vais au **marché aux fruits** / à la **fruiterie.**
Pour acheter des **cahiers** je vais à la **papeterie.** (Schreibwarengeschäft)
Pour acheter des **vêtements** je vais dans une **boutique.**
Pour acheter des **cigarettes** je vais au **bureau de tabac.** (Tabaktrafik)
Pour acheter des **livres** je vais à la **librairie.** (Buchhandlung)
Pour acheter un **camembert** je vais à l'**épicerie.** (Lebensmittelgeschäft)
Pour acheter des **saucissons** (m) (Wurst) je vais à la **charcuterie.** (Fleisch- und Wurstwarengeschäft)
Pour acheter des **éclairs** (m) ou des **pains au chocolat** je vais à la **pâtisserie.** (Konditorei)
Pour acheter des **bonbons** (m) je vais à la **confiserie** / chez le **confiseur.** (Süßwarengeschäft)
Pour acheter des **poissons** (m) (Fisch) je vais à la **poissonnerie** / au **marché aux poissons.** (Fischgeschäft / Fischmarkt)
Pour acheter des **boissons** (f) (Getränk) je vais au **supermarché** / au **débit** (m) **de vin.** (Weinhandlung)

NOMS FRANÇAIS

Féminin

Angélique
Anne
Barbara
Bernadette
Cathrine
Cécile
Christiane
Claire
Claude
Claudine
Colette
Danièle
Denise
Dominique
Edith
Fabienne
Florence
Francine
Françoise
Henriette
Inès
Isabelle
Jeanne
Julie
Juliette
Louise
Lucienne
Marcelle
Marie
Marie-Claire
Marlène
Michèle
Michelle
Mireille
Monique
Nadine
Nathalie
Nicole
Pascale
Simone
Sophie
Sylvie
Thérèse
Valérie
Véronique

Masculin

Alain
Antoine
Bertrand
Charles
Christian
Claude
Daniel
David
Denis
Dominique
Étienne
Fernand
François
Gaston
Georges
Gilbert
Grégoire
Guy
Henri
Jacques
Jean
Jérôme
Joachim
Joseph
Julien
Léon
Louis
Lucien
Marc
Marcel
Maurice
Maxime
Michel
Nicolas
Pascal
Patrick
Paul
Philippe
Pierre
Pilou
Richard
Robert
Roger
Stéphane
Yves

VOCABULAIRE

Abréviations (f) Abkürzungen:

m	masculin	männlich
f	féminin	weiblich
Pl	pluriel (m)	Plural
Sg	singulier (m)	Singular
adj	adjectif (m)	Adjektiv
adv	adverbe (m)	Adverb

à l'heure (f)	pünktlich	
abbaye (f)	Abtei	
accordéon (m)	Ziehharmonika	
acheter	kaufen	
adorer	anbeten, verehren	
adresse (f)	Adresse	
aéroport (m)	Flughafen	
âge (m)	Alter	
âgé	alt, betagt	
aider	helfen	
aimer	lieben, gern haben	
alcool (m)	Alkohol	
Allemagne (f)	Deutschland	
allemand	deutsch	
aller	gehen	
aller bien avec	gut passen zu	
aller chercher	abholen	
aller voir	besuchen gehen	
alors	nun, dann, also	
américain	amerikanisch	
anglais	englisch	
Angleterre (f)	England	
anniversaire (m)	Geburtstag	
appeler, s'appeler	rufen, heißen	
apporter	bringen	
apprendre	lernen	
après	nachher	
arbre (m)	Baum	
argent (m) (de poche)	Geld (Taschengeld)	
armoire (f)	Kasten	
arroser	gießen	
artichaut (m)	Artischocke	
aspirateur (m)	Staubsauger	
atelier (m)	Atelier	
attendre	warten	
aubergine (f)	Aubergine, Eierfrucht	
aujourd'hui	heute	
aussi	auch	
autographe (m)	Autogramm	
autres, les	die anderen	
Autriche (f)	Österreich	
autrichien	österreichisch	
avec	mit	
avion (m)	Flugzeug	
avoir	haben	
badminton (m)	Federball	
ballet (m)	Ballett	
bar (m)	Bar	
bâton (m)	Stock	
bébé (m)	Baby	
beurre (m)	Butter	
bien (adv.)	gut	
bien sûr	sicherlich	
bière (f)	Bier	
bille (f)	Kugel, Murmel	
bistro (m)	Kneipe, Bistro	

blanc, blanche	weiß	
bleu	blau	
boire	trinken	
bon,-ne	gut	
bonbon, -s (m)	Bonbon,-s	
boucherie (f)	Fleischhauerei	
bouillon (m)	Suppe	
boulanger (m)	Bäcker	
boulangère (f)	Bäckerin	
boum (f)	Fest	
bouteille (f)	Flasche	
bras (m)	Arm	
bruit (m)	Lärm	
brun	braun, brünett	
bureau (m)	Büro, Schreibtisch	
bureau de tabac	Trafik	
buvette (f)	Imbissstube	
ça, cela	dieses, das	
cadeau, cadeaux (m)	Geschenk, Geschenke	
café au lait	Milchkaffee	
cahier (m)	Heft	
caisse (f)	Kassa	
calme	ruhig	
campagne (f)	Land	
cantine (f)	Kantine	
caramel (m)	Karamell	
carotte (f)	Karotte	
carré	viereckig	
ce matin (m)	heute Morgen	
ce	dieser/diesen	
célibataire	ledig	
centre (m)	Zentrum	
chambre (f)	Zimmer	
champion (m)	Champion	
chanson (f)	Lied	
chanter	singen	
chanteuse (f)	Sängerin	
chantier (m)	Baustelle	
chapeau (m)	Hut, Kappe	
chaque	jede/-r/-s	
chat (m) / chatte (f)	Kater / Katze	
chercher	suchen	
chéri (m) / chérie (f)	Liebling	
chez	bei	
chien (m)	Hund	
chinois	chinesisch	
Chypre (m)	Zypern	
ciné (m)	Kino	
cinéma (m)	Kino	
citron (m)	Zitrone	
classe (f)	Klasse	
clé, clef (f)	Schlüssel	
cloche (f)	Glocke	
coloré	färbig	
comme ça	so, auf diese Weise	
comme	wie, als	

93

comment	wie
complément (m)	Ergänzung
comprendre	verstehen
conduire	Auto fahren, lenken
confiserie (f)	Süßwarengeschäft
conscience (f)	Gewissen
content	zufrieden
contre	gegen
convenir	passen
copain (m)	Freund, Kumpel
copine (f)	Freundin, Kameradin
cor (m)	Horn
corde (f) à sauter	Springschnur
couleur (f)	Farbe
courage (m)	Mut
courir	laufen
cours (m)	Kurs, Unterricht
court	kurz
courses (f)	Einkäufe
crayon (m)	Bleistift, Farbstift
crier	schreien
croire	glauben
cruel	grausam
cuisine (f)	Küche
d'abord	zuerst, zunächst
d'accord	einverstanden
danse (f)	Tanz
dé (m)	Würfel
décrire	beschreiben
déjà	schon
délicieux	köstlich
demain	morgen
dépenser	ausgeben
derrière	hinter
dessert (m)	Nachspeise
dessiner	zeichnen
dettes (f,Pl)	Schulden
devant	vor (örtlich)
devoir (m)	Aufgabe
devoir	müssen
dialogue (m)	Dialog
dictée (f)	Diktat
difficile	schwierig
dimanche (m)	(am) Sonntag
dîner (m)	Abendessen
dire	sagen
discuter	diskutieren
disque (m)	Schallplatte
donner	geben
drap (m)	Stoff
drôle	lustig, komisch
eau minérale (f)	Mineralwasser
échanger	tauschen
éclair (m)	Éclair (Gebäck)
école (f)	Schule
écouter	zuhören
écrivain (m)	Schriftsteller
église (f)	Kirche
écrire	schreiben
élève (m,f)	Schüler/in
encore	noch
en hiver (m)	im Winter
enquête (f)	Umfrage
en retard	zu spät
enfant (m,f)	Kind
enfin	endlich, schließlich
ensemble	gemeinsam, beisammen
entendre	hören
entrer	eintreten
envoyer	senden
espagnol	spanisch
étalages (f,Pl)	Schaufenster
étang (m)	Teich
été (m)	Sommer
États-Unis (m,Pl)	Amerika
excellent	hervorragend
exceptionnel	außergewöhnlich
exemple (m)	Beispiel
exercice (m)	Übung
exposition (f)	Ausstellung
extra	super, toll
faim (f)	Hunger
faire	machen
faire la cuisine	kochen
faire sa valise	Koffer packen
farine (f)	Mehl
fatigant	ermüdend, langweilig
fatigué	müde
faux	falsch
féminin	weiblich
femme (f)	Frau, Ehefrau
fête (f)	Fest
fier de	stolz auf
fils (m)	Sohn
fleur (f)	Blume
fois (f)(deux fois)	Mal (2- mal)
formidable	großartig
fort	stark, laut
fraise (f)	Erdbeere
français	französisch
France (f)	Frankreich
frigidaire (m)	Kühlschrank
frites (f,Pl)	Pommes frites
fromage (m)	Käse
fruits (m,Pl)	Früchte, Obst
fumer	rauchen
furieux (-euse)	wütend
gagner	gewinnen
gai	fröhlich
garçon (m)	Bub
gâteau (m)	Kuchen
gentil	nett
giga	super, toll
gin (m)	Gin
glace (f)	Eis
goûter (m)	Jause
grammaire (f)	Grammatik
grand	groß
grand-mère (f)	Großmutter
grand-père (m)	Großvater
gras	fett
gris	grau
gros	dick
harmonica (m)	Mundharmonika
'harpe (la)	Harfe
'hautbois (le)	Oboe
heures (à 6 h.)(f)	um sechs Uhr
hier	gestern
histoire (f)	Geschichte
hiver (m)	Winter
'hobby (-ies)(le)	Hobby (Hobbys)
homme (m)	Mann
hôpital (m)	Spital
hôtel (m)	Hotel

French	German	French	German
huile (f)	Öl	mignon	herzig
idée (f)	Idee	moins	weniger
Inde (f)	Indien	mois (m)	Monat
indifférent	gleichgültig	monnaie (f)	Kleingeld
intéressant	interessant	montagne (f)	Berg
inviter	einladen	montre (f)	Uhr
Italie (f)	Italien	montrer	zeigen
italien	italienisch	morceau (m)	Stück
jambon (m)	Schinken	mort	gestorben
jardin (m)	Garten	mourir	sterben
joli	lieb, nett, schön	moustache (f)	Bart
jouer aux dames	Dame spielen	mur (le)	Mauer
jouer	spielen	musée (m)	Museum
journaliste (m,f)	Journalist/in	nager	schwimmen
jupe (f)	Rock (für Damen)	naître	geboren werden
jus (m) de fruits	Fruchtsaft	né	geboren
kilo (m)	Kilo	neige (f)	Schnee
là-bas	dort hinten	n'est-ce pas?	nicht wahr?
lac (m)	See	noir	schwarz
lait (m)	Milch	nom (m)	Hauptwort, Name
laver	waschen	note (f)	Note
légumes (f,Pl)	Gemüse	nouvelles (f,Pl)	Nachrichten
Les voilà.	Da sind sie (ja).	nuit (f)	Nacht
lever	hochheben	nul	schlecht, Niete sein
librairie (f)	Buchhandlung	œuf (m)	Ei
lire	lesen	offrir	anbieten
lit (m)	Bett	olive (f)	Olive
livre (f)	halbes Kilo	on	man, wir
livre (m)	Buch	organiser	organisieren
loto (m)	Lotto	orgue (m)	Orgel
loterie (f)	Lotterie	ou	oder
lourd	schwer	où	wo
Louvre (m)	Louvre (Museum in Paris)	papeterie (f)	Schreibwarengeschäft
lundi (m)	(am) Montag	par semaine	pro Woche
lunettes (f,Pl)	Brille	parc (m)	Park
lycée (m)	Gymnasium	parce que	weil
M.J.C.	Jugendzentrum	parents (m)	Eltern
Mademoiselle	Fräulein	parler	sprechen
magasin (m)	Geschäft	partager	teilen
magazine (m)	Magazin	partir	abreisen, weggehen
main (f)	Hand	partout	überall
maintenant	jetzt	pas du tout	überhaupt nicht
maison (f)	Haus	passage (m)	Durchreise
mal (adv.)	schlecht	passer	vorbeigehen, verbringen
mal à la tête	Kopfweh	passer (un disque)	auflegen, abspielen
malade	krank	payer	bezahlen
maman (f)	Mutti	Pays-Bas (m,Pl)	Niederlande
mamie (f)	Oma	pendant	während
manger	essen	penser (à)	denken (an)
manteau (m)	Mantel	peser	abwiegen
manteaux (m)	Mäntel	petit	klein
marchande (f)	Marktfrau	peu de	wenig
marché (m)	Markt	peu (un)	ein bisschen
marcher	marschieren, gehen	peur (f)	Angst
mariage (m)	Hochzeit	pièce (f)	Zimmer
masculin	männlich	pierre (f)	Stein
match (m) de foot	Fußballmatch	ping-pong (m)	Tischtennis
matin (m)	Morgen	pipe (f)	Pfeife
mayonnaise (f)	Mayonnaise	piscine (f)	Schwimmbad
même	selbst, der-/die-/dasselbe	plat (m) du jour	Tagesgericht
mer (f)	Meer	pleurer	weinen
mère (f)	Mutter	pluriel (m)	Plural, Mehrzahl
meringue (f)	Baiser	plus	mehr
métro (m)	Untergrundbahn	plutôt (adv.)	lieber, eher
mettre le couvert	Tisch decken	poche (f)	Hosen-/Manteltasche
mettre une robe	Kleid anziehen	poème (m)	Gedicht
midi (à)	zu Mittag	poire (f)	Birne

poisson (m)	Fisch
pomme (f)	Apfel
pomme de terre	Kartoffel
porte (f)	Tür
poser	stellen, legen
poste (f)	Post
poupée (f)	Puppe
pourquoi	warum
pouvoir	können
préféré	Lieblings-
préférer	vorziehen
prendre	nehmen
préparer	zu-/vorbereiten
prêt	fertig
problème (m)	Problem
prof (m,f)	Professor
promenade (f)	Spaziergang
quai (m)	Kai
que	was, dass
quel, quelle	welcher, welche
quelque chose	etwas
quelqu'un	jemand/-en
queue (faire la queue)	sich anstellen
qui	wer
quille (f)	Kegel
raconter	erzählen
ranger	aufräumen
regarder	betrachten
règle (f)	Regel
reine (f)	Königin
rentrer	heimkommen
répondre	antworten
réponse (f)	Antwort
rester	bleiben
retard (en retard)	zu spät
rien	nichts
rouge	rot
ruines (f)	Ruinen
sac (m)	Tasche
sage	brav; klug
salade (f)	Salat
salle de bains	Badezimmer
salle (f) de séjour	Wohnzimmer
saumon (m)	Lachs
savoir	kennen, wissen
saxophone (m)	Saxophon
sel (m)	Salz
semaine (f) (par sem.)	Woche (pro Woche)
s'en aller	weggehen
sensationnel,-le	super, toll
septembre (m)	September
seul	allein
seulement	nur
si	so, ja (bei Verneinung)
singulier (m)	Singular, Einzahl
soif (f)	Durst
soir (m)	Abend
soleil (m)	Sonne
solution (f)	Lösung
sortir	ausgehen
sourd	taub
sous	unter
souvent	oft
sucre (m)	Zucker
suffit, ça suffit	das reicht
sur	auf, über
tambour (m)	Trommel
tard	spät
tartine (f)	Butterbrot
tasse (f)	Tasse
télé (f)	Fernsehen
téléphoner à	anrufen
terrible	super, toll; schrecklich
tête (f)	Kopf
thé (m)	Tee
théâtre (m)	Theater
thon (m)	Thunfisch
Tiens!	Hör mal (zu)!
timbre (m)	Briefmarke
toi	du, dir
toilettes (f,Pl)	WC
tomber	fallen
tortue (f)	Schildkröte
toujours	immer
tous	alle
tout de suite	sofort
tout	alles, ganz
tranche (f)	Schnitte
travailler	arbeiten
travailleur (m)	Arbeiter
très	sehr
triste	traurig
trop (gras)	zu (fett)
trouver	finden
trouver, se trouver	sich befinden
vacances (f,Pl)	Ferien
valise (f)	Koffer
vendre	verkaufen
venir	kommen
venir voir	aufsuchen
vent (m)	Wind
vérité (f)	Wahrheit
verre (m)	Glas
ver (m)	Wurm
vert	grün
vêtements (m,Pl)	Kleidung
viande (f)	Fleisch
vidéo (f)	Videokassette
Vienne (f)	Wien
vieux/vieil/vieille	alt
village (m)	Dorf
ville (en) (f)	in die/der Stadt
vin (m)	Wein
violon (m)	Geige
visiter	besuchen
vitamine (f)	Vitamin
vite	schnell
vivre	leben
voir page 1	siehe Seite 1
voiture (f)	Auto
vouloir	wollen
voyage (m)	Reise
voyelle (f)	Vokal
vraiment	wirklich, tatsächlich
week-end (m)	Wochenende
whisky (m)	Whisky
yaourt (m)	Joghurt
zoo (m)	Zoo

CLÉ

page 2

1. le
2. le
3. le
4. le
5. l' (m)
6. le
7. les (f)
8. l' (f)
9. la
10. la
11. la
12. l' (f)
13. le
14. la
15. la
16. la
17. les (f)
18. le
19. la
20. le
21. la
22. la
23. le
24. l' (m)
25. le
26. le
27. le
28. la
29. la
30. le
31. la
32. X
33. X
34. la
35. la
36. l' (f)
37. la
38. la
39. la
40. le
41. le
42. le
43. la
44. X
45. la
46. la
47. l' (m)
48. la
49. le
50. X
51. le
52. la
53. le
54. les (f)
55. les (f)
56. les (m)
57. X
58. la
59. les (f)
60. la
61. le
62. la
63. les (m)
64. la
65. la
66. la
67. le
68. l' (m)
69. la
70. l' (f)
71. l' (m)
72. l' (f)
73. les (f)
74. la
75. le
76. X
77. le
78. l' (f)
79. le
80. le
81. le
82. X

page 4

1. un
2. une
3. des
4. une
5. un
6. une
7. des
8. une
9. une
10. des
11. des
12. une
13. une
14. un
15. des
16. des
17. des
18. une
19. une
20. une
21. des
22. des
23. une
24. des
25. des
26. des
27. un
28. une

page 6

1. Tu
2. Je
3. On, nous
4. Vous, j'

5. Elles
6. vous, je
7. Il
8. Nous
9. Vous
10. Ils
11. Nous
12. Tu
13. tu, je
14. Il
15. J', tu
16. Il / Elle / On
17. Il / Elle / On
18. Ils
19. Elles
20. tu, je
21. vous, je
22. Elle
23. Nous, on
24. Il
25. Il
26. Tu, je
27. Vous, j'
28. Vous, j', Il

page 7

1. suis
2. cherchez
3. écoute, regarde
4. ai
5. travaille
6. parlez
7. avons
8. écoutes, écoute
9. Regarde
10. es
11. entre
12. as
13. écoutent
14. fais, fais
15. suis
16. est
17. Travaillez
18. ont
19. cherches
20. est
21. arrive
22. travaillez
23. cherche
24. habitez
25. sommes
26. faites
27. avez
28. sont
29. a
30. cherchent
31. fait, fait
32. a
33. fait
34. êtes
35. habite
36. Écoutez
37. Cherche
38. ont
39. est
40. est

98

page 8

*Es gibt meist mehrere Lösungsmöglichkeiten.
Hier einige Vorschläge:*

1. sont / habitent / arrivent
2. regarde / aime / cherche
3. avez / écoutez / cherchez
4. sommes / habitons
5. habite
6. habite / es
7. est
8. habites / es
9. aime / parle
10. sont
11. ont
12. est
13. êtes / cherchez
14. appelle
15. habite
16. mangez / cherchez / faites
17. parles
18. ai
19. aime
20. regardons
21. écoutez
22. est / travaille / mange
23. aime
24. est / entre
25. parlez / mangez
26. font / organisent
27. avez
28. chantent / dansent / jouent / parlent
29. ai
30. faites
31. arrive / danse / mange / joue
32. cherchons / écoutons
33. cherche / aime
34. cherche
35. est
36. fait
37. est
38. chantent / jouent
39. fait joue
40. cherche / écoute / regarde / aime

page 12

*Es sind jeweils mehrere Lösungsansätze je nach Situation möglich
Hier einige Lösungsvorschläge:*

1. ta, ma, votre / ma, ta, votre
2. mon / son / votre
3. mon / ton / votre
4. son (p 9, Achtung 2) / votre
5. ma / ta / votre
6. sa / ma
7. son / mon
8. votre (p 9, Achtung 3)
9. son
10. ton / mon
11. mon / ton
12. son
13. ton / votre, son

14. Sa
15. mon / ton / son / votre
16. son / mon
17. son / mon / ton / votre
18. votre *(p 9, Achtung 3)*
19. son / mon
20. sa / ma / ta / votre
21. son / mon
22. Ton ! Mon *(p 9, Achtung 2)* / Votre
23. mon, Ton / ton, Mon / votre, Mon
24. votre *(p 9, Achtung 3)*
25. ton, Mon
26. mon / ton / son
27. votre *(p 9, Achtung 3)*
28. sa / ma / ta / votre
29. son
30. son
31. Sa
32. Ton / Votre
33. sa
34. son
35. votre *(p 9, Achtung 3)*, ma
36. Sa
37. son

page 13

*Meist sind, je nach Situation, **mehrere** Lösungen möglich. Hier einige Vorschläge:*

1. mes
2. tes
3. ses / mes / tes
4. ses / mes / tes
5. Ses
6. ses / mes / tes
7. mes / tes
8. ses
9. tes / mes, Mes / Tes
10. mes
11. ses / mes / tes
12. ses
13. tes / mes
14. ses
15. mes
16. mes / tes / ses
17. Ses
18. mes
19. ses
20. Mes / Tes / Ses
21. ses / mes / tes
22. Tes / Mes
23. tes / mes / ses
24. tes
25. ses
26. ses / mes / tes
27. ses / mes
28. ses / mes
29. Ses
30. Tes / Mes
31. mes / tes / ses
32. Ses
33. tes / mes
34. ses / mes / tes
35. ses
36. ses
37. ses

page 14

*Meist sind, je nach Situation, **mehrere** Lösungen möglich. Hier einige Vorschläge:*

1. notre
2. Leur
3. notre
4. Votre
5. leur / notre
6. Notre
7. notre / votre / leur
8. votre, notre
9. Leur
10. Leur
11. votre, notre
12. notre / votre / leur
13. leur / votre / notre
14. Leur
15. leur / notre
16. Leur
17. Leur
18. Leur
19. notre / votre, Notre / Votre
20. votre, notre
21. leur
22. Votre
23. Notre / Votre / Leur
24. votre
25. notre / leur
26. notre
27. notre / votre / leur
28. Notre
29. Votre
30. leur
31. Votre
32. notre
33. leur / notre
34. leur / votre / notre
35. votre

page 15

*Meist sind, je nach Situation, **mehrere** Lösungen möglich. Hier einige Vorschläge:*

1. vos
2. nos
3. Vos
4. vos / nos, nos / vos
5. nos
6. nos / vos / leurs
7. Nos / Vos / Leurs
8. leurs / nos
9. leurs
10. leurs
11. vos / nos
12. Leurs
13. leurs
14. leurs
15. vos, nos
16. Nos / Vos / Leurs
17. Nos / Vos / Leurs
18. nos / vos / leurs

pages 16/17

Meist sind, je nach Situation, mehrere Lösungen möglich. Hier einige Vorschläge:

1. sa
2. ton / votre, mon / notre
3. mon / ton / son (p 9, Achtung 2) / notre / votre
4. ta / votre / sa, ma / sa
5. votre, mon
6. mon / ton / son / notre / votre
7. mon / ton / son (p 9, Achtung 2) / notre / votre
8. ton / son / votre / leur, mon / son / notre / votre
9. votre, ma
10. Son / Ton / Mon / Votre
11. Mon / Ton / Son / Votre / Notre
12. mon, ton / votre
13. sa
14. mon / son / notre / leur
15. Ma / Sa / Notre / Leur
16. Ton / Son / Notre / Leur
17. son
18. leur
19. leur
20. leur
21. son (p 9, Achtung 2)
22. sa
23. son
24. sa
25. votre, mon
26. vos / mes / ses / leurs, nos / tes / ses / leurs
27. son
28. tes, mes
29. ma / sa / notre
30. mes / tes, Tes / Mes
31. son / notre / votre
32. Leurs
33. nos
34. leurs / nos / vos / mes / tes
35. son, sa, leur
36. sa / ma / ta / notre / votre
37. son / mon / ton / notre / votre / leur
38. leur / notre / votre / ma / ta
39. nos / vos / mes / ses / tes
40. vos / nos
41. leurs
42. sa
43. votre
44. son
45. ses
46. votre, mon
47. mes / tes / ses / vos / nos / leurs
48. mes / tes / ses / vos / nos / leurs
49. Leurs / Nos / Vos / Mes
50. Mon / Ton / Votre
51. son
52. son (p 9, Achtung 2)
53. leurs
54. sa
55. son
56. notre
57. vos, nos
58. mes / tes / vos, Tes / Mes
59. leur / notre
60. Ses
61. nos
62. Vos / Nos
63. mon / ton
64. leur / mon, leur / mon
65. ton
66. mes / tes / ses / nos / vos / leurs
67. sa
68. leurs
69. ta / ma
70. Leurs
71. son / mon / ton
72. Sa
73. sa / ta / ma / notre / votre / leur
74. mon / ton / son / notre / votre / leur
75. mes / tes / ses / vos / leurs / nos
76. Son
77. ma
78. mes / tes / ses / nos / vos / leurs
79. mes / tes / nos
80. notre
81. tes / mes
82. notre
83. Ta / Notre

page 19

1. vous appelez
2. m'appelle
3. s'appelle
4. s'appelle
5. s'appelle
6. nous appelons
7. s'appelle
8. s'appellent
9. s'appelle
10. s'appellent
11. s'appelle
12. s'appellent
13. t'appelles
14. m'appelle
15. s'appellent
16. s'appellent
17. s'appellent
18. nous appelons
19. s'appellent
20. s'appelle
21. s'appellent
22. s'appelle
23. vous appelez

pages 23/24/25

1. à
2. en, chez / avec / sans
3. près de
4. sur
5. de
6. Dans
7. sur / sous / près de / derrière *(hinter)*
8. à la maison = *zu Hause* / dans la maison = *im Haus drinnen*
9. dans
10. sur
11. au, avec / sans
12. à
13. en, avec / chez
14. à
15. à
16. X *(p 21, Attention 3)*
17. sur, avec / près de / derrière *(hinter)*
18. X *(p 21, Attention 3)*
19. dans
20. aux
21. de
22. dans, de / avec
23. chez
24. de
25. de
26. à
27. avec, à
28. en
29. chez
30. avec
31. près de / dans
32. à / près de
33. à
34. à
35. à
36. en
37. dans
38. en
39. de
40. dans / sous / sur / derrière *(hinter)*
41. dans
42. contre
43. dans, pour / de
44. de, wenn *bureau* = *Büro*, dann: dans
    wenn *bureau* = *Schreibtisch*, dann: sur / sous / derrière *(hinter)*
45. dans
46. dans
47. à
48. Dans, avec
49. à
50. à, à
51. de, dans
52. sur
53. de, wenn *bureau* = *Büro*, dann: dans
    wenn *bureau* = *Schreibtisch*, dann: sur / sous / derrière *(hinter)* / dans
54. à la maison = *zu Hause*, avec /
    dans la maison = *im Haus drinnen*, de/avec/chez
55. d'
56. pour / avec / sans
57. dans, de
58. dans
59. pour
60. dans, de, avec
61. avec, dans
62. à
63. pour, d'
64. de
65. contre / avec
66. de
67. pour / de
68. de, de
69. avec / à / de
70. d'
71. de
72. de
73. Pour, avec
74. de / pour
75. X *(p 21, Attention 3)*
76. en, avec / chez / sans
77. dans
78. à
79. à
80. d'
81. chez, en
82. chez / avec / sans
83. à
84. Dans, de
85. Dans
86. Dans
87. pour / avec
88. pour / avec
89. de
90. de
91. à
92. Au *(siehe auch p 68)*
93. en
94. pour / avec / sans
95. dans
96. À, à *(Bis bald!)*
97. chez
98. dans
99. Pour, au *(siehe auch p 68 und p 43: aller)*
100. Pour, à *(siehe auch p 43: aller)*
101. de, en
102. à *(siehe auch p 76: payer)*
103. en
104. de
105. au *(siehe auch p 68)*
106. À
107. dans
108. chez
109. avec / sans / pour
110. à
111. à
112. chez
113. pour *(siehe auch p 43: acheter / lever)*
114. de / avec / à *(siehe auch p 43: lire)*
115. sur
116. chez / pour
117. avec
118. avec / sans / chez
119. d'
120. dans
121. dans
122. pour *(nach Paris)* / à *(in P.)* / de *(nach/von P.)*
123. au *(siehe auch p 68)*, de
124. de
125. Dans
126. pour / de

page 34

1. Est-ce que
2. Est-ce qu' (vor Vokal entfällt das e)
3. Qu'est-ce que
4. Est-ce que
5. Qu'est-ce que
6. Est-ce qu'
7. Qu'est-ce que
8. Qu'est-ce qu'
9. Qu'est-ce qu'
10. Qu'est-ce que
11. Qu'est-ce qu'
12. Est-ce que
13. Est-ce que
14. Est-ce que
15. Est-ce que
16. Qu'est-ce que
17. Qu'est-ce qu'
18. Est-ce qu'
19. Est-ce qu'
20. Est-ce que
21. Qu'est-ce qu'
22. Qu'est-ce qu'
23. Qu'est-ce qu'
24. Est-ce que
25. Est-ce que
26. Est-ce que
27. Qu'est-ce que
28. Est-ce que
29. Est-ce que
30. Est-ce que
31. Qu'est-ce que
32. Est-ce que
33. Est-ce que
34. Est-ce que
35. Est-ce que
36. Est-ce que
37. Est-ce que
38. Est-ce que
39. Est-ce que
40. Est-ce que

page 35

1. Qui
2. Qu'est-ce qu' (e entfällt vor Vokal)
3. Qui
4. Qu'est-ce qu'
5. Qui
6. Qu'est-ce qu'
7. Qui
8. qui
9. Qu'est-ce qu'
10. Qui
11. Qu'est-ce qu'
12. qui
13. Qu'est-ce qu'
14. qui
15. Qu'est-ce qu'
16. Qui
17. qui
18. Qu'est-ce qu'
19. Qu'est-ce qu'
20. Qui
21. qui
22. Qu'est-ce qu'
23. Qu'est-ce qu'
24. Qu'est-ce qu'
25. Qui
26. Qu'est-ce qu'
27. Qui
28. Qu'est-ce qu'
29. Qu'est-ce que
30. Qu'est-ce que
31. qui
32. Qui
33. Qui
34. Qu'est-ce que
35. qui
36. Qu'est-ce que
37. Qui
38. qui
39. Qui
40. Qui

pages 36/37/38/39

Zu jedem Satz gibt es **mehrere** Lösungsmöglichkeiten. Hier ist nur eine Auswahl angeführt.

1. C'est qui, Flaubert (Camus, Sartre)? / Qui est-ce. Flaubert ...? / Qui c'est, Faubert ...? (p 28,1)
2. Qu'est-ce que tu cherches / regardes? / Qui est-ce, Flaubert. ...? / Qu'est-ce que vous cherchez / regardez? / Qu'est-ce que c'est? (p 29,3) / C'est quoi? (p 30,5)
3. (Alors), Nicole (Pierre ....), qui est-ce? / C'est qui, Nicole / Pierre ...? / Qui c'est, Nicole / Pierre...? (p 28,1)
4. Est ce que tu t'appelles Claire? / C'est toi, Claire? / C'est vous, Claire? / Tu es bien C.?
5. C'est la sœur de Philippe? / C'est ta sœur?
6. Qu'est-ce que tu cherches? / Qu'est-ce que vous cherchez? (p 29,3) / Tu cherches quoi? (p 30,5)
7. Où est-ce que tu habites? / Tu habites où? / Où est-ce que vous habitez? / Vous habitez où? (p 31,8)
8. C'est près de Linz? / Est-ce que c'est près de Linz? (p 26)
9. Je parle trop vite? / Est-ce que je parle trop vite? / Ça va (encore) mal? (p 26)
10. Comment vas-tu? / Comment allez-vous? (p 32,11, Merke) / Ça va? (Wie geht's?)
11. Est-ce que tu parles français? / Est-ce que vous parlez français? / Tu parles français? / Vous parlez français? (p 26)
12. Est-ce que tu habites aussi à Paris? / Est-ce que vous habitez aussi à Paris? / Est-ce que tu habites (aussi) rue Verlain? / Est-ce que vous habitez (aussi) rue Verlain? (p 26)
13. Qu'est-ce que tu écoutes / tu cherches? / Qu'est-ce que vous écoutez / vous cherchez? (p 29,3)
14. Qu'est-ce que tu écoutes / tu cherches? / Qu'est-ce que vous écoutez / vous cherchez? (p 29,3)
15. Nadine, c'est qui? / Nadine, qui est-ce? / Nadine, qui c'est? (p 28,1)

102

16. Où est-ce que se trouvent (*sich befinden*) les toilettes (s'il vous plaît)? *(p 31,8)* / Les toilettes sont où (s'il vous plaît)? *(p 30,6)* / Où sont les toilettes s.v.p.? *(p 30,6)*
17. Est-ce que tu parles français? / Est-ce que vous parlez français? / Tu parles f.? / Vous parlez f.? *(p 26)*
18. Où est-ce que tu habites? / Tu habites où? / Est-ce que vous habitez? / Où est-ce que vous habitez? / Vous habitez où? *(p 31,8)* / Où est Pierre? *(p 30,6)* / Tes parents sont où? *(p 30,6)*
19. Wels, c'est où? / Où est-ce que c'est, Wels? *(p 31,8)*
20. C'est ta / votre chambre? *(p 26)*
21. Est-ce que tu cherches ton frère (ta mère, Nicole, …) Est-ce que vous cherchez votre frère (votre mère, Nicole, …) ? / Tu cherches …. ? / Vous cherchez… ? *(p 26)*
22. Qui est-ce que tu habites (aussi) à Paris? / Tu habites (aussi) à Paris? / Est-ce que vous habitez (aussi) à Paris? / Vous habitez (aussi) à Paris? / Ton père est à Paris maintenant? / Votre père est … ? *(p 26)*
23. Est-ce que tu cherches ton chat? / Tu cherches ton chat? / Est-ce que vous cherchez votre chat? / Vous cherchez votre chat? / 'Chichi', c'est ton / votre chat? / C'est le chien de Pierre? *(p 26)* / Qu'est-ce que tu cherches, ton chat? *(p 29,3)*
24. C'est toi / vous, Pierre? / Tu t'appelles Pierre? / Vous vous appelez Pierre? *(p 26)*
25. Où est-ce que tu es? / Tu es où? / Où est-ce que vous êtes? / Vous êtes où ? *(p 31,8)* / Où est Pierre maintenant? *(p 30,6)* / Où sont les enfants? *(p 30,6)*
26. Est-ce que tu es / vous êtes / l'amie de François (Pierre …)? / Tu es … ? / Vous êtes …? *(p 26)*
27. Qu'est-ce qu'il y a sur le bureau / sur la table … ? / Qu'est-ce qu'il y a là-bas? *(p 29,3)*
28. Où est-ce que tu es? / Tu es où? / Où est-ce que vous êtes? / Vous êtes où? *(p 31,8)* / Où est-ce que tu habites? / Tu habites où? / Où est-ce que vous habitez? / Vous habitez où? *(p 31,8)* / Où est-ce que se trouve (*Wo befindet sich ….*) la boutique Fernandel?
29. (Alors), qui est-ce là-bas? / C'est qui, le blond là-bas? / Qui c'est, là-bas? / C'est qui sur la photo? *(p 28,1)*
30. Qu'est-ce que tu cherches / vous cherchez? / Qu'est-ce qu'il y a sur le bureau / sur la table? *(p 29,3)* / Que cherche ton frère? *(p 29,4)*
31. Est-ce que tu achètes des croissants? *(p 26)* / Qu'est-ce que vous achetez, un pain de la maison? *(p 29,3)*
32. Où sont les toilettes ? / Les toilettes sont où (s'il vous plaît)? *(p 30,6)* / Où est-ce que se trouve la salle de bains / la cuisine … ? / Où est-ce que se trouvent les toilettes (s'il vous plaît)?
33. Qui est-ce, Pierre? / C'est qui, Pierre? / C'est qui, ton frère? / Qui c'est, ton frère? *(p 28,1)*
34. C'est toi, Marie? / C'est vous, Marie? / Marie, c'est toi? / Marie, c'est vous? *(p 26)*
35. Alors, Françoise / Nicole …, qui est-ce? / …... c'est qui? / qui c'est? *(p 28,1)*
36. Comment vas-tu? / Comment allez-vous? / Ça va? *(p 32,11, Merke)*
37. C'est un restaurant / un hôtel? *(p 26)*
38. Où est-ce que tu es? / Tu es où? / Où est-ce que vous êtes? / Vous êtes où? *(p 31,8)*
39. Comment (*Wie?*)? / Pardon, c'est qui? / Comment, c'est-ce? / Qui c'est? *(p 28,1)*
40. C'est la chambre de Sophie / Fabienne …? / C'est ta / votre chambre? *(p 26)*
41. Qu'est-ce que tu écoutes / tu cherches / tu as là-bas / tu veux *(p 44)* acheter? / Qu'est-ce que vous écoutez / vous cherchez / vous avez là-bas / vous voulez *(p 44)* acheter? *(p 29,3)* / Comment est-ce que vous vous appelez? / Vous vous appelez comment? *(p 32,11)*
42. Qu'est-ce qu'il fait (maintenant)? *(p 29,3)* / Que fait Pierre? *(p 29,4)*
43. Tu vas au café? / Vous allez au café? *(p 26, p 43)*
44. Tu écoutes / Vous écoutez / Tu achètes / Vous achetez / Tu cherches / Vous cherchez le CD d'Yves Montand? *(p 26)*
45. Où sont les clés? *(p 30,6)*
46. Où est-ce que tu es maintenant? / Tu es où? / Où est-ce que vous êtes? / Vous êtes où? / Où est-ce que tu habites? / Tu habites où? / Où est-ce que vous habitez? / Vous habitez où? *(p 31,8)* / Quelle est ton / votre adresse? *(p 32,12)*
47. Qu'est-ce que c'est, là-bas, sur la table? *(p 29,3)* / C'est quoi, là-bas? *(p 30,5)*
48. Comment est-ce que tu t'appelles? / Tu t'appelles comment? / Comment est-ce que vous vous appelez? / Vous vous appelez comment? *(p 32,11)*
49. Qu'est-ce que tu fais (maintenant)? *(p 29,3)* / Tu fais quoi? *(p 30,5)*
50. Pourquoi est-ce qu'il pleure? *(p 31,10)*
51. Avec qui est-ce qu'elle danse / vient *(p 43)* / fait ses devoirs / arrive? *(p 28,2)*
52. Pour qui est-ce que tu cherches un cadeau / tu fais le gâteau ? / Pour qui est-ce qu'il a un cadeau ? / Pour qui est-ce que tu apportes le vin? / Pour qui est le CD ? / Le CD est pour qui? *(p 28,2)*
53. De qui sont les bonbons / les fleurs? / De qui est-ce que vous parlez? / Vous parlez de qui? *(p 28,2)*
54. D'où est-ce qu'il est? / Il est d'où? *(p 31,8)*
55. Qu'est-ce qu'ils achètent *(p 43, wie lever)*? *(p 29,3)*
56. Quand est-ce qu'elle arrive? / Elle arrive quand? / Quand est-ce que le train part (*abfahren*)? *(p 31,9)*
57. Où est-ce que tu achètes *(p 43, wie lever)* les légumes? / Où est-ce que tu vas? / Où est-ce qu'il travaille? *(p 31,8)*
58. Quelle est votre / ton adresse? *(p 32,12)*
59. Pourquoi est-ce que tu vas à Paris? *(p 31,10)*
60. Qu'est-ce que tu écoutes / tu cherches / tu veux *(p 44)* acheter / vous écoutez / vous cherchez / vous voulez *(p 44)* acheter? *(p 29,3)*
61. Quel âge as-tu? / Quel âge avez-vous? *(p 33, Merke)*
62. Quel est ton / votre nom? *(p 32,12)*
63. Où est-ce que tu achètes *(p 43, wie lever)* le pain? / Où est-ce qu'elle travaille? / Où est-ce que tu vas? *(p 31,8)*

64. Il est là, Pierre / ton père? / Est-ce que Pierre est là? (p 26)
65. À qui est-ce que tu écris (p 42) / tu parles? / tu penses (denken) … vous écrivez / vous parlez / vous pensez? /
66. À qui est-ce que tu donnes les fleurs? (p 28.2)
67. D'où est-ce que vous venez (abreisen)? (p 31,9)
68. Où est Pierre? / Le chien est où? / Où sont les enfants? (p 30,6) / Où est-ce que les enfants jouent? / Le train arrive? / Le train arrive d'où?
69. Qui est-ce, la dame là-bas? / C'est qui, là-bas? / C'est qui, la dame qui parle à Pilou? (p 28.1)
70. Pourquoi est-ce qu'elle va à la piscine / à la mer? (p 31,10)
71. Qu'est-ce que vous dites (p 42)? (p 29,3)
72. Qu'est-ce que tu prépares, maman / papa? / Qu'est-ce que vous prenez? (p 29,3) / Que fait papa? (p 29,4)
73. Quel âge avez-vous? / Vous avez quel âge? (p 33, Merke)
74. Où est-ce que se trouve l'aéroport (Flughafen)? / Où est-ce que tu es maintenant? / Tu es où? / Où est-ce que vous êtes? / Vous êtes où? / Où est-ce que vous habitez? / Tu habites où? (p 31,8)
75. Comment vas-tu? / Comment allez-vous? / Ça va? (p 32,11, Merke)
76. Tu trouves la boum / le goûter / le gâteau / comment? / Comment est-ce que tu trouves la boum /....? (p 32,11)
77. Avec qui est-ce qu'elle veut (p 44) habiter? (p 28.2) / Pourquoi est-ce qu'elle cherche un appartement? (p 31,10)
78. Quand est-ce qu'il / le train arrive? (p 31,9)
79. Comment est la phrase? / La phrase est comment? / Comment est-ce qu'il chante / joue? (p 32,11)
80. Quelles photos est-ce qu'ils montrent? / Ils montrent quelles photos? (p 32,12) / De quoi est-ce qu'ils parlent? (p 30,5/2)
81. Avec quoi est-ce que tu dessines? (p 30,5/2)
82. Qu'est-ce qu'ils disent (p 42)? (p 29,3) / Que disent tes parents? (p 29,4)
83. Où est-ce qu'on va? / On va où? / Où est-ce que nous allons? / Nous allons où? (p 31,8)
84. Qu'est-ce qu'il cherche / regarde / montre? (p 29,3) / Que cherche papa? (p 29,4)
85. Pour qui est-ce que tu cherches un cadeau / tu fais le gâteau ? / Pour qui est-ce que tu as un cadeau? / Pour qui est-ce que tu apportes le vin? / Pour qui est le livre ? / Le livre est pour qui ? / Pour qui sont les fleurs? (p 28.2)
86. Est-ce qu'ils parlent français? (p 26) (Anmerkung: **français** geschrieben)
87. Il est Français? / Est-ce qu'il est F.? (p 26) (**Nationalität**: il est Français = **Franzose, groß** geschrieben)
88. Vous êtes de Paris? (p 26)
89. Comment vas-tu? / Comment allez-vous? / Ça va? (p 32,11, Merke)
90. Tu es en France? / Vous êtes en Angleterre? (p 26)
91. C'est toi, Bertrand? / C'est vous, monsieur Ledoux? / Tu es le frère de Nadine? (p 26)
92. Quelles sont tes clés? / Quelles sont les clés de ton appartement ? / Quelles sont les clés de ta voiture?
93. Nice est en Allemagne? (p 26)
94. Où est-ce que tu achètes (p 43, wie lever) / maman achète le pain? (p 31,8)
95. Tu parles aussi français / italien / allemand? / Vous parlez aussi français / italien / allemand? (p 26)
96. C'est Simone Daudet? (p 26)
97. Est-ce que tu as des CD de Montand? / Tu as des CD de M.? (p 26)
98. La valise est sur l'armoire? / Est-ce que la valise est dans l'armoire? (p 26)
99. Je parle / marche / mange / cours (laufen) trop vite? (p 26)
100. Qui est-ce, ce garçon là-bas? / C'est qui, là-bas? / Qui c'est, le brun qui parle à Pilou? (p 28.1)
101. Comment est-ce que tu t'appelles? / Tu t'appelles comment? / Comment est-ce que vous vous appelez? / Vous vous appelez comment? (p 32.11)
102. Tu aimes mon jardin?/ Tu trouves que la boum est chouette? (p 26)
103. Où est-ce que tu achètes (p 43, wie lever) / maman achète le pain? (p 31,8)
104. Où est la boulangerie? / L'église est où? / Où sont les toilettes? / Les toilettes sont où? (p 30,6)
105. Tu es fatigué? / Vous êtes triste? / Tu as faim / soif? / Tu es encore malade? (p 26)
106. Où est-ce que tu es maintenant? / Tu es où? / Où est-ce que vous êtes? / Vous êtes où? / Où est-ce que vous habitez? / Tu habites où? (p 31,8) / Où est-ce que se trouve *(Wo befindet sich .....)* la poste?
107. Est-ce qu'il y a un stade et une piscine dans ta ville? / Est-ce que Pierre dessine un stade et une piscine?(p 26)
108. Attersee, c'est quoi? (p 30,5) / Qu'est-ce que c'est, le bleu sur le plan / le bleu là-bas? (p 29,3)
109. C'est calme dans ta ville / dans le parc / dans le jardin? (p 26)
110. Qu'est-ce que tu fais / vous faites? (p 29,3) / Que fait Monique? (p 29,4)
111. Qu'est-ce que tu cherches ton livre? / Tu habites place Pigalle? / Il aime Nicole? (p 26)
112. Tu as soif / faim? / Tu veux (p 44) aller en ville? (p 26)
113. Tu aimes Paris? / Tu trouves que la boum est super? / Tu aimes mon gâteau? (p 26)
114. Vous écoutez la radio? / Vous faites vos devoirs? (p 26)
115. Elle a une sœur? / Elle a deux frères? / Est-ce que Nadine a une sœur?(p 26)
116. Est-ce qu'ils cherchent leur chien? (p 26)

104

117. Elle aime / adore Pierre? (p 26)
118. Est-ce que tu peux (p 44) venir? / Le train part (abfahren) ce matin? / Tante Henriette arrive aujourd'hui? / Tu prends (p 42) le bus? / Tu as cours d'allemand aujourd'hui? / Tu fais les courses? / Est-ce qu'elle arrive à onze heures? (p 26)
119. Tu viens (p 44) / manges / fais les courses / fais tes devoirs maintenant? / Est-ce que tu viens (p 44)....? (p 26)
120. Est-ce que dessiner prend (p 42) deux -s? (p 26)
121. Qu'est-ce qu'il fait ce soir? (p 29,3) / Que fait Pierre ce soir? (p 29,4) / Avec qui est-ce qu'il va au cinéma? (p 28,2)
122. Pourquoi est-ce que tu pars (weggehen)? / Pourquoi est-ce que tu vas au lit? / Pourquoi est-ce que tu es fatigué? (p 31,10)
123. Qu'est-ce que tu manges / prépares / prends (p 42) / veux (p 44)? (p 29,3)
124. Qu'est-ce que tu écris (p 42)? / Qu'est-ce que vous écrivez? (p 29,3)
125. Qu'est-ce que vous faites? (p 29,3)
126. Qu'est-ce que tu fais maintenant? (p 29,3) / Que fait Pierre maintenant? (p 29,4) / Qu'est-ce que tu as? / Qu'est-ce que vous avez? (p 29,3)
127. De quoi est-ce que vous parlez? / Vous parlez de quoi? (p 30,5/2)
128. Quelle heure est-il? / Il est quelle heure? (p 33, Merke)
129. Pourquoi est-ce que tu vas au lit? / Pourquoi est-ce que tu vas à la maison? (p 31,10)
130. Pour qui sont les CD-ROM? (p 28,2)
131. Où sont les cahiers? (p 30,6)
132. Qui est la sœur / ton amie? / C'est qui, ton amie? / Qui est-ce, ton amie? / Qui c'est, Fabienne? (p 28,1)
133. Où est la lettre de Tante Henriette? (p 30,6)
134. Qu'est-ce que c'est? (p 29,3) / C'est quoi, là-bas (p 30,5)? / C'est une photo de qui? (p 28,2)
135. Où est-ce qu'il travaille? / Il travaille où? (p 31,8)
136. Qui vient (p 43) le soir? (p 28,1) / Quand est-ce que P.+F. viennent? (p 31,9)
137. Pourquoi est-ce qu'elle fait une fête? / Pourquoi est-ce que tu apportes des fleurs? / Pourquoi est-ce que vous allez au restaurant? (p 31,10)
138. Quelle est votre / ta voiture? (p 32,12)
139. Où est-ce qu'elle travaille? / Elle travaille où? (p 31,8) / Où est papa? / Papa est où? (p 30,6)
140. Tu trouves que Bernadette est super? (p 26)
141. Luc est là? / Est-ce que Pierre est à la maison? / Il est devant la télé? (p 26)
142. Comment est-ce que Barbara parle? (p 32,11)
143. D'où est-ce qu'ils arrivent? / Ils arrivent d'où ? (p 31,8) / D'où arrivent Phil et Marie? (p 30,7)
144. Qu'est-ce que tu prends (p 42) / vous prenez? / Qu'est-ce que tu bois (p 42) / vous buvez? (p 29,3) / Tu veux (p 44) / voudrais (p 44) quelque chose à boire? (p 26)
145. À qui est-ce que tu écris (p 42) / tu parles? / ... vous écrivez / vous parlez? / À qui est-ce que tu donnes les fleurs? / À qui est-ce que tu penses? (p 28,2)
146. Que cherche ton ami? (p 29,4) / Qu'est-ce qu'il cherche, ton ami? (p 29,3)
147. Qu'est-ce qu'il y a au marché? / Qu'est-ce qu'il y a dans le frigidaire? (p 29,3)
148. Que dit papa? (p 29,4) / Qu'est-ce qu'il dit, papa? (p 29,3)
149. Qui est ton père? / Qui est-ce, ton père? / C'est qui, ton père? (p 28,1)
150. Vous avez quel âge? / Quel âge avez-vous? / Tu as quel âge? / Quel âge as-tu? / Elle a quel âge? / Quel âge a-t-elle? / Il a quel âge? (p 33, Merke)
151. Où sont les enfants? / Les enfants sont où? (p 30,6)
152. Où est-ce que tu vas? / Tu vas où? (p 31,8) / Qu'est-ce que tu fais / vous faites? (p 29,3)
153. Quand est-ce que le train arrive? / Le train arrive quand? (p 31,9)
154. Tu as la clé? / Vous avez la clé? / Est-ce que tu as / vous avez la clé? (p 26)
155. Quel est ton / votre nom? (p 32,12)
156. Où sont les clés? / Les clés sont où? (p 30,6)
157. Où est-ce qu'on achète des cigarettes? / Où est-ce que Pierre travaille? / Pierre travaille où? / Où est-ce que papa va maintenant? (p 31,8) / Où est Pilou? / Pilou est où? (p 30,6)
158. Pour qui sont les cadeaux? (p 31,8) / Pour qui est le gâteau / la poupée? / Pour qui est-ce qu'il achète des souvenirs? (p 28,2)
159. Pourquoi est-ce qu'il va à Paris / à l'hôpital? (p 31,10)
160. Avec qui est-ce qu'elle partage sa chambre? (p 28,2)
161. Où est-ce que tu vas? / Où est-ce que tu vas allez? / Où est-ce qu'on va maintenant? / Où est-ce qu'il travaille? (p 31,8) / Il est où? / Pierre est où? / Où est Pierre ? / Où sont les enfants? / Les enfants sont où? (p 30,6)
162. Pour qui est le livre? / Le livre est pour qui? (p 28,2)
163. Quelle est son adresse? / Quelle est l'adresse de Monsieur Ledoux? (p 32,12)
164. Qu'est-ce qu'elle fait? / Qu'est-ce qu'elle va faire? (p 29,3) / Elle fait quoi, maintenant? (p 30,5) / Que fait maman? (p 29,4)
165. Où est-ce qu'elle va? / Elle va où? (p 31,8)
166. Qu'est-ce qu'elle achète (p 43, wie lever)? / Qu'est-ce que vous achetez? / Qu'est-ce que vous mangez? (p 29,3)
167. De quelle couleur est ta voiture / ta jupe / ta robe? (p 33)
168. Qu'est-ce qu'il y a à la papeterie? (p 29,3)
169. Que fait papa? (p 29,4) / Qu'est-ce qu'il fait, papa? (p 29,3)

pages 40/41

Zu jedem Satz gibt es **mehrere** Lösungsmöglichkeiten. Hier ist nur eine Auswahl angeführt.

1. Qui cherche son livre? / Qu'est-ce que Pierre cherche? (p 29,3) / Que cherche Pierre? (p 29,4) / Pierre cherche quoi? (familiär)(p 30,5)
2. Qui est dans sa chambre? (p 28,1)
3. Où est maman? / Maman est où? (p 30,6)
4. Qui est en France? (p 28,1)
5. Où est ton frère? / Ton frère est où? (p 30,6)
6. C'est qui? / Qui c'est? / Qui est-ce? (p 28,1)
7. Qui fait une fête? (p 28,1)
8. Qu'est-ce que nous faisons? (p 29,3) / Nous faisons quoi? (familiär) (p 30,5)
9. Qui est à Nîmes? (p 28,1)
10. Où est Monsieur Dubois? / Monsieur Dubois est où? (p 30,6)
11. Qu'est-ce que tu cherches? / Qu'est-ce que vous cherchez? (p 29,3) / Tu cherches quoi? (familiär) (p 30,5)
12. Où sont vos enfants? / Vos enfants sont où? / Où sont tes enfants? (p 30,6)
13. Qui fait son devoir? (p 28,1)
14. Qu'est-ce que tu fais? (p 29,3) / Tu fais quoi? (familiär) (p 30,5)
15. Qui travaille à Paris? (p 28,1)
16. Qu'est-ce que Sophie fait à Paris? (p 29,3) / Sophie fait quoi à Paris? (familiär) (p 30,5)
17. Où est-ce que S. travaille? (p 31,8) / Où travaille S.? / S. travaille où? (p 30,7)
18. Qui a des CD de Moustaki? (p 28,1)
19. Qu'est-ce qu'il a? (p 29,3)
20. De qui est-ce qu'il a des CD? (p 29,3)
21. Où est Nicole? / Nicole est où? (p 30,6)
22. Qu'est-ce que vous faites? (p 29,3)
23. Qu'est-ce que vous écoutez? (p 29,3)
24. C'est la chambre de qui? (p 28,2)
25. Qu'est-ce qu'ils regardent? (p 29,3) / Ils regardent quoi? (familiär) (p 30,5)
26. Qui est à Paris avec Nathalie? (p 28,1)
27. Où est-ce qu'elle est? / Elle est où? (p 31,8)
28. Avec qui est-ce qu'elle est à Paris? / Elle est à Paris avec qui? (p 28,2)
29. Qui parle à David? (p 28,1)
30. À qui est-ce que Marie parle? / Marie parle à qui? (p 28,2)
31. Qu'est-ce qu'on fait quoi maintenant? (p 29,3) / On fait quoi maintenant? (familiär) (p 30,5) / Qu'est-ce que vous faites maintenant? (p 29,3)
32. Qui chante avec Véronique? (p 28,1)
33. Qu'est-ce qu'elle fait? (p 29,3) / Elle fait quoi? (familiär) (p 30,5) / Elle chante avec qui? (p 28,2)
34. Qui est à la poste? (p 28,1)
35. Où est Pierre? / Pierre est où? (p 30,6)
36. Qui a des CD de P.K.? (p 28,1)
37. Qu'est-ce que Nicole a? (p 29,3)
38. De qui est-ce qu'elle a des CD? / Nicole a des CD de qui? (p 28,2)
39. Où est-ce qu'il y a une piscine? (p 31,8)
40. Qu'est-ce qu'il y a dans votre / notre ville? ? (p 29,3)
41. Qui est l'homme sur la photo? / L'homme sur la photo, c'est qui? / Qui est-ce, l'homme sur la photo? / Qui c'est, l'homme sur la photo? (p 28,1)
42. Qui arrive chez Louis? (p 28,1)
43. Chez qui est-ce que Denis arrive? / Denis arrive chez qui? (p 28,2)
44. Qui cherche un restaurant? (p 28,1)
45. Qu'est-ce qu'ils cherchent? (p 29,3) / Ils cherchent quoi? (familiär) (p 30,5)
46. Qui est l'amie de Fernand? (p 28,1)
47. Barbara est l'amie de qui? (p 28,2)
48. Comment est le gâteau? / Le gâteau est comment? (p 32,11)
49. Qui écoute un disque de Madonna? (p 28,1)
50. Qu'est-ce que Jacques fait? (p 29,3) / Il fait quoi, Jacques? (familiär) (p 30,5)
51. Qu'est-ce que Jacques écoute? (p 29,3) / Il écoute quoi, Jacques? (familiär) (p 30,5)
52. De qui est-ce qu'il écoute un disque? / Il écoute un disque de qui? (p 28,2)
53. Qu'est-ce qu'on fait pour l'anniversaire de Pierre? (p 29,3) / On fait quoi, pour l'anniversaire de Pierre? (familiär) (p 30,5) / Qu'est-ce que vous faites pour l'anniversaire de Pierre? (familiär) (p 30,5) / Vous faites quoi, pour l'anniversaire de Pierre? (familiär) (p 30,5)
54. On fait une loterie pour l'anniversaire de qui? (p 28,2)

107

31. Qui regarde un film de Spielberg? *(p 28,1)*
    Qu'est-ce que nous regardons? / Qu'est-ce que vous regardez? *(p 29,3)* / Nous regardons quoi? / Vous regardez quoi? *(familiär)* *(p 30,5)*
32. Qui organise un concert? *(p 28,1)*
    Qu'est-ce que les élèves organisent? *(p 29,3)* / Les élèves organisent quoi? *(familiär)* *(p 30,5)*
33. Qui fait de la danse classique? *(p 28,1)*
    Qu'est-ce qu'elle fait? *(p 29,3)* / Elle fait quoi? *(familiär)* *(p 30,5)*
34. C'est le manteau de qui? *(p 28,2)*
35. Qui cherche son billet de loterie? *(p 28,1)*
    Que cherche Alain? *(p 29,4)* / Alain cherche quoi? *(familiär)* *(p 30,5)*
36. Qui danse très bien? *(p 28,1)*
    Comment est-ce que Fernand et Pilou dansent? / F+P dansent comment? *(p 32,11)*
37. Qui mange sa tartine? *(p 28,1)*
38. Que fait Barbara? *(p 29,4)* / Qu'est-ce qu'elle fait, Barbara? *(p 29,3)* / Barbara fait quoi? *(familiär)* *(p 30,5)*
    Qu'est-ce qu'il y a chez mes / tes amis? *(p 29,3)*
    Chez qui est-ce qu'il y a une fête formidable? / Il y a une fête formidable chez qui? *(p 28,2)*
39. Qui aime faire une promenade? *(p 28,1)*
    Qu'est-ce qu'elle aime faire? *(p 29,3)* / Elle aime faire quoi? *(familiär)* *(p 30,5)*
40. Où travaille Juliette? / Où est-ce que Juliette travaille? *(p 30,7)*
41. Qui cherche les photos de classe? *(p 28,1)*
    Qu'est-ce que nous faisons / vous faites? *(p 29,3)*
    Qu'est-ce que nous cherchons / vous cherchez? *(p 29,3)*
42. Quelle est ton / votre adresse? *(p 32,12)*
43. Qui a ta voiture? *(p 28,1)*
    Qu'est-ce que Pilou a? / Qu'est-ce qu'il a, Pilou? *(p 29,3)* / Pilou a quoi? *(familiär)* *(p 30,5)*
44. Qui habite place Chambord? *(p 28,1)*
    Où est-ce que tu habites? / Tu habites où? *(p 31,8)*
45. L'idée de qui est extra? *(p 28,2)*
46. Qui est dans la cuisine avec maman? *(p 28,1)*
    Où est-ce que nous sommes avec maman? / Nous sommes où avec maman? / Vous êtes où avec maman? / Vous êtes où avec maman? *(p 31,8)*
    Avec qui est-ce que nous sommes / vous êtes dans la cuisine? / Vous êtes dans la cuisine avec qui? *(p 28,2)*
47. Qui prépare notre goûter? *(p 28,1)*
    Qu'est-ce que les garçons font? *(p 29,3)* / Ils font quoi, les garçons? / Les garçons font quoi? *(familiär)* *(p 30,5)*, Qu'est-ce que les garçons préparent? *(p 29,3)* / Ils préparent quoi, les garçons? / Les garçons préparent quoi? *(familiär)* *(p 30,5)*
48. Qui fait un match de foot avec sa classe? *(p 28,1)*
    Qu'est-ce que B+J font? *(p 29,3)* / Ils font quoi? *(familiär)* *(p 30,5)*
    Avec qui est-ce qu'ils font un match de foot? / B+J font un match de foot avec qui? *(p 28,2)*
49. Qui aime bien son chien? *(p 28,1)*
    Qu'est-ce qu'elle aime bien? *(p 29,3)*
50. Quelle chanson est-ce que les filles chantent? *(p 32,12)*
51. Qui regarde la télé? *(p 28,1)*
    Qu'est-ce que nous faisons / vous faites? *(p 29,3)* / Vous faites quoi? *(familiär)* *(p 30,5)*
52. Où est le restaurant? / Le restaurant est où? *(p 30,6)*
53. Qui passe un disque de Mozart? *(p 28,1)*
    Qu'est-ce que Michel passe? *(p 29,3)* / Il passe quoi, Michel? *(familiär)* *(p 30,5)*
    De qui est-ce que Michel passe un disque? / Michel passe un disque de qui? *(p 28,2)*
54. Qui est-ce? / C'est qui? / Qui c'est? *(p 28,1)*
55. Qui organise un goûter dans notre classe? *(p 28,1)*
    Qu'est ce que nous organisons / vous organisez dans notre classe? *(p 29,3)* / Vous organisez quoi? *(familiär)* *(p 30,5)*
56. Qui gagne le match de tennis? *(p 28,1)*
57. Qu'est ce que les filles gagnent? *(p 29,3)* / Les filles gagnent quoi? *(familiär)* *(p 30,5)*
    Qui parle avec Paul? *(p 28,1)*
    Avec qui est-ce que le professeur parle? / Le professeur parle avec qui? *(p 28,2)*
58. Qui est chouette? *(p 28,1)*
59. Ce sont les chambres de qui? *(p 28,2)*
60. Qui est le frère de Pierre? *(p 28,1)*
    Étienne est le frère de qui? *(p 28,2)*
61. Qu'est-ce que vous faites? *(p 29,3)* / Vous faites quoi? *(familiär)* *(p 30,5)*
62. Qu'est-ce est bon en français? ? *(p 28,1)*
63. Qu'est-ce que tu prends? *(p 29,3)*
64. Qui danse avec Marie? *(p 28,1)*
    Avec qui est-ce qu'ils dansent? / Ils dansent avec qui? *(p 28,2)*
65. Qui arrive à la gare? *(p 28,1)*
    Où est-ce que les filles arrivent? / Les filles arrivent où? / Où arrivent les filles? *(p 30,7)*

pages 45/46

1. dois
2. écoutez
3. allons
4. venez
5. vas
6. a
7. prends
8. pèse
9. préférons
10. achète
11. mange
12. échange
13. vient
14. lit
15. prenons
16. viennent
17. a, venez
18. rangent
19. disent
20. savez
21. mettent
22. pouvez
23. appelons
24. prennent
25. préfère
26. lisons
27. doit
28. vend
29. devez
30. savent
31. mangeons
32. appelle
33. voit
34. peuvent
35. veux, veux
36. mets
37. sait
38. préférons
39. dit
40. lit
41. vont
42. vient
43. achètes, vais
44. vas, vais
45. prépare
46. font
47. est
48. peux / pourrais (*Höflichkeitsform*)
49. avons
50. pèsent
51. avez
52. font
53. vas
54. disent
55. s'appellent
56. lit
57. prenons
58. vend
59. dit
60. mangez
61. a
62. sais, fait
63. rend
64. a
65. veux / voudrais (*Höflichkeitsform*)
66. prenons
67. vont
68. vendons
69. savez, se trouve
70. fait
71. viennent
72. peux / pourrais (*Höflichkeitsform*)
73. savent
74. prends
75. achètes
76. va
77. pesez
78. vendez
79. peuvent
80. prenez
81. **nous appelons** (*voir p 19*)
82. devez

66. Où est-ce qu'on va? / On va où? (*p 31,8*)
67. Qu'est-ce que Madame Legrand achète à la boulangerie? (*p 29,3*)
68. Où est-ce que Madame Legrand achète les baguettes? (*p 31,8/2*)
69. Comment est la boum? / La boum est comment? (*p 31,8/2*)
70. Pourquoi est-ce qu'il va à la maison? (*p 32,11*)
71. Quelle heure est-il? / Il est quelle heure? (*p 33, Merke*)
72. Pour qui sont les sandwichs? / Les sandwichs sont pour qui? (*p 28,2*)
73. Qu'est-ce qu'ils achètent pour maman? / De quoi est-ce que nous parlons / vous parlez? (*p 30,5/2*)
74. Pour qui est-ce qu'ils achètent des fleurs? / Ils achètent des fleurs pour qui? (*p 29,3*)
75. Pourquoi est-ce qu'elle lit le livre? (*p 31,10*)
76. De quelle couleur est son pullover? (*p 33*)
77. Qui chante une chanson de Brel? (*p 28,1*), Nous chantons une chanson de qui? (*p 28,2*)
78. Où est-ce qu'il est? / Il est où? (*p 31,8*)
79. Quand est-ce qu'elle arrive? / Elle arrive quand? (*p 31,9*)
80. Quel âge a-t-elle? / Elle a quel âge? (*p 33, Merke*)
81. Pourquoi est-ce que Pierre crie? (*p 31,10*)
82. Comment va-t-elle? (*p 32,11, Merke*) / Elle va comment? (*p 32,11*)
83. Pourquoi est-ce que Marc pleure? (*p 31,10*)
84. Qui parle de ses amis? (*p 28,1*)
85. De qui est-ce qu'elles parlent? / Elles parlent de qui? (*p 28,2*)

page 47

1. sont, font
2. vont
3. sont/vont
4. ont
5. font
6. ont
7. sont/vont
8. sont/vont
9. font/ont
10. sont/vont
11. font/ont
12. sont/vont
13. vont *(aller bien = gut gehen)*
14. font *(faire la queue= sich anstellen)*
15. ont
16. ont
17. sont/vont
18. sont/vont
19. sont/vont
20. ont
21. font
22. ont
23. ont
24. ont
25. ont
26. sont
27. vont
28. ont/sont
29. sont
30. sont/vont
31. ont
32. sont
33. sont
34. sont/vont
35. ont
36. ont
37. sont
38. font
39. sont/vont
40. ont

pages 49/50

*Es gibt **mehrere** Lösungsmöglichkeiten, je nach-dem, wen man als Befehlsempfänger annimmt:*

1. Fais
2. Mettez
3. Soyons / Soyez
4. Va / Allons / Allez (ich bin mit David per Sie oder es sind noch andere Leute dabei)
5. Cherchez
6. Dites
7. Ayez
8. Vois / Voyons / Voyez
9. Appelez
10. **Vas** *(p 48, Aber)*
11. Faites
12. Regarde / Regardons / Regardez
13. Venez
14. Mettons
15. Faites
16. Cherche / Cherchons
17. Prenez
18. Sache / Sachons / Sachez
19. Dis
20. Va / Allons / Allez
21. Appelle / Appelons
22. Mettez
23. Mange
24. Prenez
25. Achète / Achetons
26. Soyez
27. Regarde / Regardez / Regardons *(Schau/Schaut/Schauen wir, da ist Herr B.!)* Regardez *(Schauen Sie, Herr B.)*
28. Prends
29. Prenons
30. Dis / Disons / Dites
31. Viens / Venez *(wenn ich per Sie bin)*
32. Cherchons
33. Mangez / Mangeons
34. Lis / Lisez *(wenn ich per Sie bin)*
35. Regarde / Regardez *(wenn ich per Sie bin)*
36. Sois
37. Prends / Prenons / Prenez
38. Lisez
39. Achète / Achetons / Achetez
40. Mange
41. Décrivez
42. Lisez
43. Lève / Levons / Levez
44. Va / Allons / Allez
45. Fais
46. Écris / Écrivons / Écrivez
47. Parlez / Parlons
48. Attends
49. Sois / Soyez *(wenn ich per Sie bin)*
50. Cherche / Cherchez *(wenn ich per Sie bin)*
51. Viens / Venez *(wenn ich per Sie bin)*
52. Bois / **Buvez** *(wenn ich per Sie bin)*
53. Achète / Achetons / Achetez
54. Regarde / Regardons / Regardez
55. Trouve / Trouvons / Trouvez
56. Attendez
57. Écris / Écrivons / Écrivez
58. Va / Allez *(wenn ich per Sie bin)*
59. Écrivez
60. Vendez
61. achète / achetons
62. Viens / Venons / Venez
63. Parle / Parlons
64. Entends / Entendez *(wenn ich per Sie bin)*
65. Va / Allons / Allez, **Vas** *(vor y steht vas)* / Allons / Allez
66. Bois
67. Mangez
68. Cherche / Cherchons / Cherchez
69. Vendez
70. Joue / Jouons / Jouez
71. Attends / Attendons / Attendez
72. Arrive / Arrivez *(wenn ich per Sie bin oder der Befehl Christians Freunde einschließt)*
73. Va / Allons / Allez
74. **Buvez**
75. Entendez
76. Travaille / Travaillez *(wenn ich per Sie bin)*
77. parlez *(siehe auch p 58: négation)*
78. Regarde / Regardons / Regardez
79. rentre *(siehe auch p 58: négation)*
80. Lis

pages 55/56

1. petit *(page 51, règle 1)*
2. grande *(page 51, règle 1)*, rouge *(p 53,6)*
3. élégante *(p 51.1)*
4. petite *(p 51.1)*, intelligente *(p 51.1)*
5. seuls *(p 51, Achtung 1)*
6. sympathiques *(p 53.6)*
7. grand *(p 51.1)*, noir *(p 51.1)*
8. calme *(p 53.6)*
9. super *(p 54.8)*
10. drôle *(p 53.6)*
11. bonnes *(p 52.4)*
12. française *(p 51.2)*
13. vieille *(p 54.7)*
14. blanche *(p 52.3)*, blanc *(p 52.3)*, noir *(p 51.1)*
15. grandes *(p 51.1)*, chouettes *(p 53.6)*
16. super *(p 54.8)*
17. grand *(p 51.1)*
18. grande *(p 51.1)*, belle *(p 54.7)*
19. intelligentes *(p 51.1)*
20. bleue *(p 51.1)*, jolie *(p 51.1)*
21. seule *(p 51.1)*
22. petite *(p 51.1)*
23. drôles *(p 53.6)*
24. sympa *(p 54.8)*
25. chouette *(p 53.6)*
26. bonne *(p 52.4)*
27. grande *(p 51.1)*, moderne *(p 53.6)*
28. nul *(p 52.4)*
29. brun, brune *(p 51.1)*
30. formidables *(p 53.6)*
31. petite *(p 51.1)*, blonde *(p 51.1)*, drôle *(p 53.6)*
32. bon *(p 52.4)*
33. intéressantes *(p 51.1)*
34. allemande *(p 51.1)*, sympa *(p 54.8)*
35. intelligente *(p 51.1)*, calme *(p 53.6)*
36. nuls *(p 52.4 ; p 51, Achtung)*
37. intéressant *(p 51.1)*
38. bonnes *(p 52.4)*
39. giga *(p 54.8)*
40. extra *(p 54.8)*
41. bonnes *(p 52.4)*
42. autrichienne *(p 52.4)*, sympa *(p 54.8)*
43. seule *(p 51.1)*
44. intéressantes *(p 51.1)*
45. âgée *(p 51.1)*, sourde *(p 51.1)*
46. nul *(p 52, 4)*, bon *(p 52.4)*
47. noire *(p 51.1)*, grosse *(p 52.4)*
48. mignonne *(p 52.4)*
49. chers *(p 53.5)*
50. grasse *(p 52.4)*
51. nouvelle *(p54.7)*, kaki*(p54.8)*, marron*(p54.8)*
52. chic *(p 54.8)*
53. préférée *(p 51.1)*
54. courte *(p 51.1)*
55. charmante *(p 51.1)*, franche *(p 52.3)*
56. contentes *(p 51.1)*
57. petites *(p 51.1)*, fatiguées *(p 51.1)*
58. cruelle *(p 52.4)*

page 57

1. vieil *(p 54.7)*
2. belles *(p 54.7)*
3. nouvelle *(p 54.7)*
4. derniers *(p 53.5)*
5. bel *(p 54.7)*
6. chères *(p 53.5)*
7. discrètes *(p 53.5)*
8. vieille *(p 54.7)*, grand *(p 51.1)*
9. vieille *(p 54.7)*, intéressante *(p 51.1)*
10. lilas *(p 54.8)*
11. belle *(p 54.7)*
12. vieil *(p 54.7)*, belles *(p 54.7)*
13. vieille *(p 54.7)*
14. premières *(p 53.5)*
15. nouvelle *(p54.7)*, lilas *(p54.8)*, orange*(p54.8)*
16. belle *(p 54.7)*
17. inquiète *(p 53.5)*
18. vieux *(p 54.7)*
19. vieux *(p 54.7)*, beau *(p 54.7)*
20. fière *(p 53.5)*
21. belle *(p 54.7)*
22. inquiets *(p 53.5)*
23. nulle *(p 53.4)*
24. beau *(p 54.7)*
25. vieille *(p 54.7)*, secrète *(p 53.5)*
26. nouveau *(p 54.7)*
27. grasse *(p 52.4)*
28. inquiets *(p 53.5)*
29. blanche *(p 52.3)*
30. vieilles *(p 54.7)*
31. complète *(p 53.5)*
32. Bon *(p 52.4)*
33. gras *(p 52.4)*
34. première *(p 53.5)*
35. dernière *(p 53.5)*
36. beaux *(p 54.7)*, vieux *(p 54.7)*
59. bonne *(p 52.4)*
60. brune *(p 51.1)*, gaie *(p 51.1)*
61. vert *(p 51.1)*
62. orange *(p 54.8)*
63. verts *(p 51, Achtung.1)*
64. mignonne *(p 52.4)*, exceptionnelle *(p 52.4)*
65. intéressants *(p 51.1)*
66. forts *(p 51.1)*
67. espagnols *(p 51.1)*, lourdes *(p 51.1)*
68. italienne *(p 52.4)*, fatiguée *(p 51.1)*
69. blanche *(p 52.3)*, chic *(p 54.8)*
70. carine *(p 53.6)*, gentille *(p 52.4)*
71. molle *(p 51.1)*
72. fatiguées *(p 51.1)*
73. grise *(p 51.2)*, jaune *(p 53.6)*
74. célibataire *(p 53.6)*
75. romantique *(p 53.6)*, tendre *(p 53.6)*,
76. mince *(p 53.6)*, sage *(p 53.6)*
77. tristes *(p 53.6)*
78. terrible *(p 53.6)*, giga *(p 54.8)*
79. moderne *(p 53.6)*, exceptionnelle *(p 52.4)*
80. beige *(p 53.6)*, marron *(p 54.8)*
81. extra *(p 54.8)*, sympa *(p 54.8)*
82. malles *(p 53.6)*
83. libres *(p 53.6)*

81. Prends / Prenons / Prenez
82. Écoutez
83. Soyez

page 60

1. Les enfants n'aiment pas aller au zoo.
2. Ils ne regardent pas **de** film français.
3. Il ne vient pas à trois heures?
4. Nous ne mangeons pas **de** croissants.
5. Les filles ne doivent pas ranger leurs chambres.
6. Il ne peut pas venir à six heures.
7. Monsieur Falot n'a pas quarante ans.
8. Madame Dubois n'est pas **F**rançaise. *(p 104/87)*
9. Nous n'habitons pas à Paris.
10. Les garçons ne mettent pas le couvert.
11. Ce n'est pas **un** sandwich au fromage. *(p 59, Achtung)*
12. Je ne prends pas **de** pain au chocolat.
13. Elle ne va pas à la piscine.
14. Les Legrand ne vont pas à la mer.
15. Sur le lit il n'y a pas **de** livre.
16. Il ne boit pas **d'**eau minérale.
17. Elle ne boit pas l'eau minérale de son enfant. *(bestimmter Artikel wird nicht verwandelt)*
18. Je ne prends pas **de** pommes, **de** poires, **de** carotte et **de** citron.
19. Ce ne sont pas **des** artichauts. *(p 59, Achtung)*
20. Ce n'est pas la mère de Pilou. *(bestimmter Artikel wird nicht verwandelt)*
21. Vous ne pesez pas les pommes? *(bestimmter Artikel wird nicht verwandelt)*
22. Il n'y a pas **d'**enfants dans le parc.
23. Nous ne buvons pas **de** thé maintenant.
24. Ils ne vont pas au restaurant.
25. Ce n'est pas le CD d'Yves Montant. *(bestimmter Artikel wird nicht verwandelt)*
26. Il ne sait pas la vérité. *(bestimmter Artikel wird nicht verwandelt)*
27. Monsieur Sagan ne travaille pas en France.
28. Ce n'est pas **un** cadeau pour Philippe. *(p 59, Achtung)*
29. Il ne peut pas venir dimanche?
30. Michelle n'est pas blonde.
31. Ce n'est pas **une** chatte? *(p 59, Achtung)*
32. Ils ne regardent pas la cathédrale. *(bestimmter Artikel wird nicht verwandelt)*
33. Il n'y a pas **de** croissant sur la table de c.
34. Elle ne mange pas **de** sandwich.
35. Elle ne mange pas le sandwich de Pierre. *(bestimmter Artikel wird nicht verwandelt)*
36. Je ne mets pas ma jupe rouge.
37. Il n'arrive pas tard.
38. Il n'y a pas **d'**amies de Fabienne dans le jardin.
39. Nous n'écrivons pas **de** lettre.
40. Je n'ai pas **d'**ami.

page 61

1. ne ... guère
2. ne ... personne
3. ne ... pas
4. n' ... que
5. n' ... pas beaucoup
6. n' ... que
7. n' ... personne
8. ne ... jamais
9. n' ... rien
10. ne ... guère
11. n' ... que
12. n' ... que
13. n' ... personne
14. ne ... plus
15. ne ... guère
16. n' ... jamais
17. n' ... plus
18. ne ... rien, ne ... guère
19. n' ... pas
20. n' ... pas, n' ... pas
21. ne ... que
22. ne ... jamais
23. ne ... pas beaucoup
24. n' ... pas
25. ne ... plus
26. ne ... guère
27. n' ... que
28. ne ... jamais
29. ne ... pas
30. ne ... plus
31. ne ... qu'
32. ne ... que
33. ne ... rien
34. ne ... plus
35. n' ... que
36. n' ... pas beaucoup
37. n' ... pas
38. n' ... plus
39. ne ... pas beaucoup
40. ne ... jamais

page 63

1. Il préfère **les** livres.
2. Nous aimons mieux / préférons **notre** appartement.
3. Est-ce que tu aimes **le** rock?
4. Elle préfère **l'**eau minérale **au** jus de fruits.
5. Il préfère **le** café.
6. Elle préfère **le** vélo **à la** voiture.
7. Est-ce que vous préférez **les** livres?
8. Je n'aime pas **les** chiens.
9. Elle préfère **le** volley.
10. Nous préférons **la** campagne **à la** ville.
11. Elles / Ils préfèrent **la** campagne. Florence préfère **la** ville.
12. Je préfère / J'aime mieux **le** thé.
13. Elle aime **les** enfants.
14. Il préfère **le** pain de la maison.
15. Monsieur Legrand adore **sa** femme.
16. Nous adorons rester en Autriche.
17. Il préfère **la** bière **au** jus de fruits.
18. Elle aime bien **ses** amies.
19. Nous aimons mieux / préférons aller au cinéma.
20. Nous adorons aller en Italie.
21. Elle préfère **le** pain de la maison **au** pain de campagne.

22. Il préfère rouler en voiture.
23. Il aime **le** café au lait.
24. Est-ce qu'il aime **le** café noir?
25. Nicole adore **son** père.
26. Elle préfère **les** poires **aux** pommes.
27. Elle aime mieux jouer **aux** pommes.
28. Ils / Elles préfèrent vivre à la campagne.
29. Il adore **la** musique classique.
30. Elle aime (bien) **ses** parents.
31. Elle n'aime pas **les** chats.
32. Est-ce que tu préfères **les** pommes?
33. Il adore **les** éclairs.
34. Il aime (bien) **le** sport.
35. Il aime (bien) faire du sport. *(p 71)*
36. Nous aimons jouer au volley. *(p 71)*
37. Il aime mieux jouer que travailler.
38. Elle adore **les** fraises à la crème.
39. Il aime mieux / préfère jouer au tennis. *(p 71)*
40. Marie préfère **le** jazz.

page 64

1. des
2. d' *(p 59, le (p 62.1)*
3. de *(Achtung: h aspiré, p 3), (p 59)*
4. de, des *(p 59, Achtung)*
5. la *(p 58, weitere Verneinungen)*
6. de *(p 59)*
7. un *(p 59, Achtung)*
8. de *(p 59)*
9. d' *(p 59)*
10. le *(p 62.1)*
11. de *(p 59)*
12. de *(p 59)*
13. d' *(p 59)*
14. de *(p 59)*
15. le, le *(p 62.1)*
16. de *(p 59)*
17. d' *(p 59)*
18. un *(p 59, Achtung)*
19. le, le *(p 62.1)*
20. de *(p 59)*
21. de *(p 59)*
22. de *(p 59)*
23. de *(p 59)*
24. de *(p 59)*
25. des *(p 59, Achtung)*
26. de *(p 59)*
27. les *(p 62.1)*
28. de *(p 59)*
29. de *(p 59), la (p 62.1)*
30. de *(p 59)*
31. de *(p 59)*
32. de *(p 59), les (p 62.1)*
33. de *(p 59)*
34. de *(p 59)*
35. de *(p 59)*
36. de *(p 59), le (p 62.1)*
37. un *(p 59, Achtung)*
38. de *(p 59)*
39. d' *(p 59)*
40. de *(p 59)*

page 66

1. Non, Monsieur / Madame / Pierre.
2. Moi non. / Pas moi. / Moi pas *(familiär)*.
3. Pourquoi pas?
4. Jamais de la vie!
5. Moi non plus.
6. Pas du tout.
7. Pas du tout.
8. Personne.
9. Pas assez.
10. Moi non. / Pas moi. / Moi pas *(familiär)*.
11. Pas d'oranges. *(p 59)*
12. Rien.
13. Non, Monsieur / Madame / Pierre.
14. Mais si, Monsieur / Madame / Pierre.
15. Je pense que oui. *(p 65, Achtung)*
16. Pas du tout.
17. Je trouve que oui. *(p 65, Achtung)*
18. Pas du tout.
19. Il dit que oui. *(p 65, Achtung)*
20. Je pense que oui. *(p 65, Achtung)*
21. Jamais de la vie.
22. Pas la blanche.
23. Moi non plus.
24. Je pense que non. *(p 65, Achtung)*
25. Ils disent que non. *(p 65, Achtung)*
26. Rien.
27. Pas du tout.
28. Personne.
29. Pas de pommes. *(p 59)*
30. Pas assez.
31. Pas aujourd'hui.
32. non / pas / non pas
33. Pas beaucoup.
34. Je trouve que oui. *(p 65, Achtung)*
35. Mais si, Madame / Monsieur / Pierre, merci.
36. Personne.
37. Pas les poires.
38. Je trouve que non. *(p 65, Achtung)*
39. Elle / Vous non plus.
40. non / pas / non pas

page 67

1. si *(Auf verneinte Frage folgt si, bei bejahender Antwort.)*
2. Oui
3. Non *(voir aussi p 73/74)*
4. si *(voir aussi p 73/74)*
5. Si
6. Oui
7. si
8. Oui
9. Si
10. Oui *(voir aussi p 73/74)*
11. Si
12. Non
13. Oui *(voir aussi p 73/74)*
14. oui/non *(p 65, Achtung)*
15. Non
16. si
17. Non *(voir aussi p 73/74)*

112

18. Si
19. oui/non *(p 65, Achtung)*
20. Si *(voir aussi p 73/74)*
21. Non
22. Oui
23. Non
24. Oui
25. si
26. Non
27. Si
28. Non
29. Non
30. Si
31. Oui
32. oui/non *(p 65, Achtung)*
33. Oui
34. Non
35. Non
36. Si
37. Oui *(voir aussi p 73/74)*
38. Si
39. non
40. Non

38. aux
39. du
40. du
41. au
42. au
43. au
44. au
45. des
46. au, à la
47. à la
48. à la
49. à la
50. au
51. de la
52. du
53. des
54. au, de l'
55. au
56. au
57. du
58. du
59. au
60. de la
61. du
62. au
63. des
64. à la
65. au
66. des *(im Frz. kein Plural s am Familiennamen!)*
67. au
68. au
69. de la
70. à la
71. du
72. au
73. de la
74. du
75. à la
76. au
77. à l'
78. du *(des Professors)* / de la *(der Professorin)*
79. du
80. du, de la
81. au
82. au
83. du

pages 69/70

1. à la
2. à l'
3. des *(ein Bild der Legrand), im Frz. kein Plural s am Familiennamen!*
4. de la
5. Aux
6. à la
7. au
8. au
9. du
10. au, au
11. du
12. du, de l'
13. au
14. au
15. à la
16. à la
17. de la
18. au
19. du
20. au, au
21. au, à l'
22. de l'
23. à la
24. à la, au
25. de la
26. au
27. de la
28. du
29. au
30. du
31. au
32. à la
33. de la
34. au, à la
35. du, de l'
36. des, des
37. du

page 72

1. aux
2. à la
3. du, du
4. au
5. à la
6. d'un, de la
7. de la
8. de la
9. au
10. au
11. aux
12. aux

13. au, au
14. au, au, au
15. de la
16. de la
17. de la, de la
18. du
19. du
20. de la
21. de la
22. du
23. du
24. de la *(voir aussi p 3)*
25. du, du
26. de la
27. de la
28. de la
29. au
30. aux, au
31. de l', de l'
32. de l'
33. au *(voir aussi p 3)*
34. du
35. aux, aux
36. de l', du *(voir aussi p 3)*
37. du, du
38. du, de la
39. du, au
40. de l'

page 75

1. Elle **la** prend. *(p 73.1)*
2. Nous **les** appelons. *(p 73.1)*
3. Il ne veut pas **le** préparer. *(p 73.1)*
4. Cherchez-**les**! *(p 74.3)*
5. N**e** les écrivez pas maintenant! *(p 74.4)*
6. Nous allons **le** voir. *(p 74.2)*
7. Nous **les** mangeons. *(p 73.1)*
8. Elle **la** cherche. *(p 73.1)*
9. Vous **les** fumez? *(p 73.1)*
10. Nous ne voulons pas **les** faire. *(p 73.1)*
11. Nous **les** invitons. *(p 73.1)*
12. N**e** l'écoutez plus! *(p 74.4)*
13. Je voudrais **l'**aider. *(p 74.2)*
14. Regardons-**les**! *(p 74.3)*
15. Vous **le** prenez dans la salle à manger? *(p 73.1)*
16. Elle veut **l'**acheter. *(p 74.2)*
17. Vous savez **les** faire? *(p 74.2)*
18. Il **la** regarde. *(p 73.1)*
19. Il **le** regarde. *(p 73.1)*
20. Je **la** cherche. *(p 73.1)*
21. Passez-**le**! *(p 74.3)*
22. Nous **les** attendons. *(p 73.1)*
23. Elle ne peut pas **l'**aider. *(p 74.2)*
24. Tu me comprends? –
25. Oui je **te/vous** comprends bien. *(p 73.1)*
26. Tu **l'**écoutes? *(p 73.1)*
27. Il va **la** voir. *(p 74.2)*
28. Nous ne **le** mangeons pas. *(p 73.1)*
29. Elle **l'**appelle. *(p 73.1)*
29. Elle **le** prend. *(p 73.1)*

114

30. Tu nous écoutes? –
31. Oui, je **vous** écoute maintenant. *(p 73.1)*
32. D**i**tes-**la**! *(p 74.3)*
33. Elle t'invite? – Oui, elle **m'**invite. *(p 73.1)*
34. Ne parlez pas si vite. Je ne **vous** comprends pas. *(p 73.1)*
35. Tu **me/le/la/nous** vois, Pierre? *(p 73.1)*
36. M**e**ts-**le**! *(p 74.3)*
37. Elle **le** mange. *(p 73.1)*
38. Cherchez-**les**! *(p 74.3)*
39. Attendez-**moi** *(p 74.3 Achtung)* /
   nous/-la/-le/-les *(p 74.3)*!
40. Ra**n**gez-**les**! *(p 74.3)*
40. Il **veut** **la** dire. *(p 74.2)*

page 77

1. offre
2. **paient** / payent
3. offre
4. **paies** / payes
5. attendent
6. entends
7. **paies** / paye
8. Attends / Attendez
9. entends
10. attendons
11. offre
12. **paie** / paye
13. entend
14. attendent
15. payer
16. entend
17. attendez
18. payons
19. entendez
20. offrez
21. Attends / Attendez
22. entendons
23. **paie** / paye
24. attend
25. offre
26. entendent
27. Attends / Attendez
28. offre
29. attends
30. **paies** / payes
31. attendent
32. Offre
33. entendant *(Sie verstehen sich gut.)*
34. offre
35. attends
36. entende
37. offre
38. attends
39. offrent
40. **paie** / paye

page 78

1. sait
2. sait
3. peux *(ich kann wegen meiner Krankheit nicht gehen = äußerer Umstand)*
4. sais *(weißt du wie es geht?)*
5. pouvons
6. sait *(sie hat bereits die Fähigkeit)*
7. peut *(er kann seinen Vater abholen, er hat Zeit)*
8. sais *(beherrschst du es?)*
9. pouvez *(habt ihr Zeit dazu?)*
10. peut
11. sait *(sie schafft es, weiß wie es geht)*
12. savez *(ihr wisst doch ...)*
13. sais *(beherrscht du ein Instrument?)*
14. sais *(ich weiß nicht)*
15. peut *(sie kann ohne Brille nicht lesen = äußerer Umstand)*
16. sais *(du weißt ja...)*
17. savez *(wisst ihr)*
18. savent *(sie wissen wie es geht)*
19. pouvons
20. pouvez, peux
21. peux *(ich bin zu müde = äußerer Umstand)*
22. peut
23. sait *(sie beherrscht es)*
24. peuvent *(sie können, haben Zeit)*
25. peux *(hast du Zeit?)*
26. peux, peux
27. peut *(er ist krank = äußerer Umstand)*
28. sait *(sie weiß noch nicht wie es geht)*
29. pouvons
30. sais *(du weißt ja...)*
31. pouvez
32. sait *(sie weiß wie es geht, beherrscht die Schritte)*
33. sait *(hat die Fähigkeit)*
34. pouvez, peux
35. sais *(was weißt du von ihm?)*

page 79

1. regardes
2. voyez
3. regardons
4. Regarde / Regardez
5. vois
6. Regarde *(nachschlagen)*
7. regarde / regardez
8. Regarde / Regardez / Regardons
9. regarder
10. Regarde / Regardez
11. voir *(zu sehen sein)*
12. vois
13. Regarde *(schau auf die Uhr)*
14. voyez
15. voir *(besuchen kommen)*
16. voir
17. Regarde / Regardez
18. regarder / voir *(beides möglich)*
19. voir / regarder *(beides möglich)*
20. regarder
21. voit
22. voit
23. voir *(besuchen kommen)*
24. voit *(erblicken) / regarde (betrachten)*
25. vois *(du siehst wohl)*
26. voir *(besuchen gehen)*
27. voir
28. regarde
29. voit *(erblicken) / regarde (betrachten)*
30. voir *(Sie will niemanden sehen.)*
31. voyons
32. voit *(Er sieht kein Problem.)*
33. voyez
34. regarder / voir *(beides möglich)*
35. Regarde / Regardez
36. voir *(besuchen gehen)*

page 80

1. Écoutez
2. Écoute / Écoutez, écoute
3. écoutes, écoute
4. entends
5. entends
6. Écoute
7. écoutes, écoute
8. écoutez *(anhören, zuhören) / entendez (hören können)*
9. entends, écouter *(ich höre ihm gerne zu)*
10. Écoute, écoute, entends
11. entends, entends
12. entends
13. écoutes, écoute
14. Écoutez
15. écoutons
16. écouter / entendre *(beides im Gebrauch) (Sie weiß sich Gehör zu verschaffen.)*
17. Écoute
18. entendons *(vernehmen, erfahren)*
19. entendre *(Sie hört es gerne, wenn jemand Französisch spricht.)*
20. entends *(verstanden?)*
21. entends
22. entendons *(wir hören ihn, können ihn hören)*
23. entendre *(Sie darf das nicht hören, zu Ohren bekommen.)*
24. écouter *(Sie kann zuhören.)*
25. entends *(Ich kann verstehen)*
26. écouter
27. entends
28. écoute
29. écoutent
30. entends *(Kannst du ihn auch hören?)*
31. écouter
32. écoute *(Er horcht an der Tür.)*
33. entend
34. écoute
35. Écoute
36. écoutent *(horchen nicht auf ihre Eltern)*
37. entendez *(Könnt ihr sie hören?)*

page 83

1. des
2. une, de *(p 81)*
3. de *(p 81)*
4. un, le
5. le, la *(p 62.1)*
6. d' *(p 82.2)*
7. de *(p 59)* / les
8. un, de *(p 81)*, le
9. des, des *(p 59, Achtung)*
10. de *(p 82.2)*
11. de *(p 82.2)*
12. des, des *(p 59, Achtung)*
13. de *(p 82.2)*
14. une, de *(p 82.2)*
15. de *(p 59)*, une
16. une, de, un, de *(p 81)*
17. les *(p 62.1)*
18. une, de, une, de *(p 62.1)*
19. le *(p 62)*, d' *(p 82.3)*
20. de, de *(p 82.2)*
21. un, d' *(p 81)*
22. les *(p 62.1)*
23. la, un, de *(p 81)*
24. une, de, de *(p 81)*
25. d' *(p 82.2)*, une / la
26. de *(p 82.2)*, de *(p 59)*, des
27. des, de *(p 59)*, de *(p 81)*
28. de, de *(p 82.3)*
29. une, de, un, de *(p 82.3)*
30. de *(p 82.2)*, Un, de *(p 81)*
31. la / une, de *(p 81)*
32. une, de *(p 81)*
33. un, de *(p 81)*, les *(p 62.1)*
34. d', de *(p 82.3)*
35. de *(p 58, weitere Verneinungen, p 59)*
36. de *(p 59)*

page 85

1. à
2. à
3. X *(p 84, Achtung)*
4. aux
5. à
6. X *(p 84, Achtung)*
7. aux
8. à
9. aux
10. au
11. X *(p 84, Achtung)*
12. au
13. à
14. à
15. à
16. aux
17. aux
18. X *(p 84, Achtung)*
19. aux
20. aux
21. à
22. aux
23. à
24. aux
25. à
26. aux
27. aux
28. aux
29. aux
30. à
31. à
32. à
33. X *(p 84, Achtung)*
34. à
35. à
36. à
37. à
38. aux
39. à
40. X *(p 84, Achtung)*

pages 88/89

1. a été *(p 86.1)*
2. sont venues *(p 87.2)*
3. ont fait *(p 86.1)*
4. j'ai passé *(p 86.1)*
5. n'a pas voulu *(p 87.3)*
6. ont travaillé *(p 86.1)*
7. as vu *(p 86.1)*
8. ont dû *(p 86.1)*
9. a offert *(p 86.1)*
10. a mis *(p 86.1)*
11. avez compris *(p 86.1)*
12. avons attendu *(p 86.1)*
13. ont pesé *(p 86.1)*
14. as répondu *(p 86.1)*
15. a dû *(p 86.1)*
16. sont venus *(p 87.2)*
17. avez lu *(p 86.1)*
18. a beaucoup nagé *(p 86.1)*
19. as déjà téléphoné *(p 86.1)*
20. sont retournés *(p 87.2)*
21. sont restées *(p 87.2)*
22. est entré *(p 87.2)*
23. est sortie *(p 87.2)*
24. est allée *(p 87.2)*
25. ont pris *(p 86.1)*
26. a pris *(p 86.1)*
27. avons fait *(p 86.1)*
28. sont partis *(p 87.2)*
29. ont organisé *(p 86.1)*
30. a bu *(p 86.1)*
31. as déjà vu *(p 86.1)*
32. sont arrivés *(p 87.2)*
33. ont rangé *(p 86.1)*
34. n'est pas encore venue *(p 87.2,3)*
35. ont fait *(p 86.1)*
36. a écouté *(p 86.1)*
37. a raconté *(p 86.1)*
38. as acheté *(p 86.1)*
39. a monté *(p 86.1)*
40. a mis *(p 86.1)*
41. ai oublié *(p 86.1)*
42. a écouté *(p 86.1)*
43. ai cherché *(p 86.1)*
44. ont dû *(p 86.1)*

45. ont souvent fait *(p 86,1)*
46. avez trop regardé *(p 86,1)*
47. n'a pas trouvé *(p 87,3)*
48. ont attendu *(p 86,1)*
49. n'ai rien entendu *(p 87,3)*
50. ont joué *(p 86,1)*
51. a toujours gagné *(p 86,1)*
52. avons été *(p 86,1)*
53. ont beaucoup discuté *(p 86,1)*
54. est tombée *(p 87,2)*
55. sommes allé(e)s *(p 87,2)*
56. avons beaucoup nagé *(p 86,1)*
57. sont restées *(p 87,2)*
58. est revenue *(p 87,2)*
59. ne sont pas venus *(p 87,2,3)*
60. n'a plus travaillé *(p 87,3)*
61. a fait *(p 86,1)*
62. ont été *(p 86,1)*
63. a bu *(p 86,1)*
64. sont allées *(p 87,2)*
65. ont joué *(p 86,1)*
66. n'as pas encore mangé *(p 87,3)*
67. est devenue *(p 87,2)*
68. sommes descendu(e)s *(p 87,2)*
69. est partie *(p 87,2)*
70. est venue *(p 87,2)*
71. a pris *(p 86,1)*
72. n'a rien offert *(p 87,3)*
73. as déjà payé *(p 86,1)*
74. a acheté *(p 86,1)*
75. avez donné *(p 86,1)*
76. a préféré *(p 86,1)*
77. avons beaucoup marché *(p 86,1)*
78. ont beaucoup dansé *(p 86,1)*
79. n'a rien répondu *(p 87,3)*
80. as su *(p 86,1)*
81. ont vendu *(p 86,1)*
82. a été *(p 86,1)*
83. est descendue *(p 87,2)*

SOURIRE

ist die beliebteste Lern- und Übungsreihe für Französisch.
Jeder Band ist genau auf das entsprechende Lernjahr und den österreichischen Lehrplan abgestimmt.

ISBN 978-3-7074-1313-7

ISBN 978-3-7074-1311-3

ISBN 978-3-7074-1314-4

ISBN 978-3-7074-1312-0

www.ggverlag.at

G&G